Und Katzen sprechen doch!

ECON Ratgeber

Zum Buch:

Dem langjährigen Katzenfreund Roman Berger ging es früher wie so vielen Katzenbesitzern. Man hat ständig das Gefühl, die eigene Katze möchte etwas mitteilen, doch man weiß nicht so recht, was genau sie einem sagen möchte und wie man darauf reagieren soll. Roman Bergers genaue Beobachtungsgabe hat ihn jedoch im Laufe der Jahre zu einem ausgewiesenen Kenner der Katzensprache und ihrer vielschichtigen Ausdrucksmöglichkeiten werden lassen. Mit seinem Buch sind jetzt alle Katzenliebhaber in der Lage, die Sprache der Samtpfoten zu erlernen. Darüber hinaus bietet es ein Fülle an nützlichen Informationen zur Katzenhaltung und Geschichte des Zusammenlebens von Katze und Mensch.

Roman Berger

Und Katzen sprechen doch!

Die Geheimnisse der Katzensprache

ECON Taschenbuch Verlag

Veröffentlicht im ECON Taschenbuch Verlag

Originalausgabe
9. Auflage 1998

Der ECON Taschenbuch Verlag ist ein Unternehmen der
ECON & List Verlagsgesellschaft

Umschlaggestaltung: Init GmbH, Bielefeld
Titelabbildung: Bavaria, Düsseldorf
Zeichnungen: W. Hoffmeister und B. Otte
Lektorat: Dirk Witthaut
Gesetzt aus der Syntax und Stone Serif
Satz: HEVO GmbH, Dortmund
Druck und Bindearbeiten: Ebner Ulm
Printed in Germany
ISBN 3-612-20563-3

Inhalt

Vorwort

Die Frage ist so alt wie die Geschichte des Zusammenlebens zwischen Menschen und Katzen:
»Können Katzen sprechen?«
Meist waren die Antworten auf diese Frage ebenso vielfältig wie die Einstellung der Menschen zu ihren schnurrenden Lieblingen, doch seit einigen Jahren sind sich die Fachleute einig:
»Ja, Katzen können sprechen!«
So unbegreiflich es auch den meisten Menschen erscheinen mag, Katzen verfügen über eine eigene Sprache, die weit über die Verständigungsmöglichkeiten anderer Tiere hinausgeht und über eigene Vokabeln verfügt. Eine Sprache mit Wörtern, Sätzen, Lauten und allem, was zur echten Kommunikation gehört.
Natürlich muß der Mensch, wie bei anderen Fremdsprachen auch, zuerst einmal diese für ihn völlig neue Sprachform erlernen, sich die Vokabeln erarbeiten und unablässig üben, um sich mit seiner eigenen Katze bald so unterhalten zu können, wie ich es bereits seit Jahren mit unseren kleinen Haustigern täglich praktiziere.
Sie, lieber Leser, werden dann ebenso überrascht sein, wie die meisten unserer Freunde und Bekannten, welch neue Welt sich plötzlich für Sie öffnet, wenn Sie

auch zu der großen Familie der Katzenliebhaber gehören oder bald dazugehören möchten.
Als ich mich erstmals wirklich mit unserem Kater unterhalten konnte, war es für mich so, als ob ein neues Familienmitglied hinzugekommen wäre. Ein neuer Gesprächspartner, der von mir lernte, der aber auch Verständnis für mich hatte und mir bei einigen Dingen helfen konnte. Wir lernen auch heute noch ständig voneinander und entdecken immer neue Bereiche, über die wir kommunizieren und oft stundenlange Dialoge führen können.
Ich kann mir heute ein Leben ohne diese Gespräche eigentlich nicht mehr vorstellen und meiner Familie geht es da nicht anders.
Deshalb kann ich allen Katzenfreunden nur den Rat geben:
Wenn Sie sich noch nicht mit ihrem kleinen Liebling unterhalten können, lernen Sie so schnell wie möglich die Katzensprache und lassen Sie sich von der Welt der Katzen überraschen!
Der Autor

1

Einführung

Immer wenn ich Menschen treffe, die unseren Kater und die Familie noch nicht kennen, stoße ich auf ungläubige Gesichter.
»Aber da ist doch sicher ein Trick dabei!« heißt es dann häufig, wenn die Sprache auf die Unterhaltungen mit Charly kommt, und man unterstellt mir Bauchrednerkünste, über die ich leider nicht verfüge, denn sonst würde ich mein Geld in einer Show verdienen.
Erst wenn sie selbst erleben, wie wir kommunizieren, verschwindet dieser ungläubige Gesichtsausdruck nach und nach, und großes Interesse für diese Sprache taucht auf.
Im vorliegenden Buch geht es also keineswegs um Dressurtricks oder Effekthascherei, sondern um die alltägliche Kommunikation mit unseren Stubentigern.
Seit mehr als 15 Jahren leben meine Familie und ich mit Katzen, genauer gesagt mit Katern, zusammen. In unserer damals noch kinderlosen Ehe war ein kleiner Kater mit Sicherheit eine Art Kinderersatz und wurde dementsprechend verwöhnt. Natürlich genoß er es in vollen Zügen und nutzte jede Möglichkeit, sich seine reichlich bemessenen Streicheleinheiten abzuholen.
Bereits damals, obwohl im Umgang mit Katzen noch nicht besonders erfahren, konnte ich die ersten Beobachtungen in bezug auf eine Verständigungsmöglich-

keit mit Katzen machen und beschloß, diese Erfahrungen festzuhalten.
Jahre später, als ich von wissenschaftlichen Untersuchungen in den USA erfuhr und mich mit anderen Menschen austauschen konnte, die ebenfalls Erfahrungen in der Katzensprache gesammelt hatten, stellte ich fest, daß viele meiner noch laienhaften Beobachtungen, Notizen und Erklärungsansätze mit denen der Verhaltensforscher übereinstimmten und ich erkannte, daß es eine einheitliche Grundstruktur der Katzensprache gibt.
Natürlich ist es bei den Katzen der unterschiedlichen Rassen ebenso wie bei Menschen aus verschiedenen Regionen. Sie sprechen zwar alle eine gemeinsame Sprache, doch ihre Dialekte unterscheiden sich manchmal gewaltig.
Außerdem machte ich bei unserem zweiten Kater die Erfahrung, daß sich seine Sprache im Verlaufe der Jahre ein wenig veränderte. Dies lag wohl daran, daß wir ihn als Baby bekamen und miterlebten, wie er erwachsen wurde. Seine Sprache änderte sich ebenso wie die kleiner Kinder, die zu Jugendlichen und schließlich zu Erwachsenen heranreifen. Als ich mich mit einem bekannten Tierarzt darüber unterhielt, konnte dieser von ähnlichen Beobachtungen berichten.
Um sich mit seinem kleinen Liebling wirklich verständigen zu können, muß man auch auf diese oft nur winzigen Nuancen achten, damit es nicht zu unliebsamen Mißverständnissen kommt.
Eine weitere neue Erkenntnis brachte mir die Geburt unseres Sohnes. Anfänglich hatte ich einige Bedenken, da unser Kater ja bis dato ständig im Mittelpunkt unserer kleinen Familie stand, und nun würde sich dies ändern und ein kleines, in Windeln gehülltes Etwas wür-

de diesen Platz einnehmen. Ich befürchtete, der Kater würde eifersüchtig werden, doch da hatte ich mich gründlich getäuscht. Ich hätte besser vorher mit ihm darüber sprechen sollen, doch das hatte ich bewußt vermieden.

Als ich dann meine Frau und den Kleinen aus dem Krankenhaus abholte und in die Wohnung kam, begrüßte mich unser Kater freudig wie immer, wenn wir heimkamen, und erklärte mir dann auch sofort seine Neugier. Er wußte, daß da ein Baby mit uns kam, denn er hatte ja die gesamte Schwangerschaft meiner Frau miterlebt und nun wollte auch er das neue Familienmitglied begrüßen, was er dann auch in der Wiege ausgiebig tat.

Von diesem Moment an waren Kater und Baby ein Herz und eine Seele. In seinen Ruhephasen machte der Kater es sich meist direkt unter der Wiege bequem, und niemand, außer meiner Frau und mir, hatte noch eine Chance, sich der Wiege mit dem Kleinen zu nähern, ohne sich der Gefahr auszusetzen, sogleich von ihm wild angefaucht zu werden.

Als unser Alex dann Monate später zu krabbeln begann, begleitete ihn der Kater oft auf seinen Exkursionen durch die Wohnung, und ich konnte beobachten, daß sich die beiden auf ihre eigene Art verständigten, die ich aber anfänglich nicht durchschauen konnte.

So erkannte ich, daß sich Katzen auf neue Gesprächspartner und deren Art zu reden einstellen können.

Bei anderen Gelegenheiten stellte ich aber auch fest, daß sie nicht mit jedem sprechen. Ein mit uns befreundetes Ehepaar, das Tiere nicht besonders mag und natürlich auch kein eigenes Haustier hat, wurde bereits beim ersten Besuch recht abweisend von unserem Kater begrüßt und dieser Zustand hielt sich über Jahre

hinweg, wie sehr sich die Beiden auch bei ihren Besuchen um seine Zuneigung bemühten. Er lehnte jegliche Kommunikation mit ihnen kategorisch ab!
Bei den Katzen ist es ebenso wie bei uns Menschen – manche mag man auf den ersten Blick, andere kann man ein Leben lang nicht ausstehen – und genauso wie wir es vermeiden, uns mit solchen Leuten zu unterhalten, gehen auch Katzen ihnen aus dem Weg und halten lieber den Mund.
Wer die Katzensprache erlernen will, muß sich über eins klar werden: Da die Katzensprache sich aus den verschiedensten Elementen zusammensetzt, benötigt man zu allererst viel Geduld, um sie zu begreifen und selber zu verwenden. Wie beim Erlernen einer Fremdsprache, muß man geduldig lernen und unablässig üben. Nur dann wird man später völlig flüssig und »akzentfrei« mit seinem Haustier sprechen können.
Der wichtigste Schlüssel für die Katzensprache heißt also:
»Geduld!«
Und nun viel Spaß beim Lesen des Buches und dem Erlernen der Katzensprache.

2

1. Die Katze in der Geschichte

Man geht davon aus, daß die Hauskatze sich aus einem Raubtier entwickelte, das vor rund 65 Millionen Jahren lebte und das Glied einer Entwicklungslinie von katzenartigen Tieren darstellt. Diese Urahnen der Katzen, aber auch der Bären, Waschbären, Hunde und anderer Tiere, werden Feliden genannt.
Vor rund 35 Millionen Jahren entwickelten sich dann katzenartige Tiere eigenständig weiter.
Wann genau unsere heutige Hauskatze entstand, ist eine Frage, über die sich die Gelehrten seit Jahrzehnten streiten und immer wieder neue Theorien entwickeln. Jedenfalls ist die Hauskatze jünger als andere Haustierarten.
Bei den Professoren Dr. Brentjes und Dr. Petsch können wir nachlesen, daß ein Urahn unserer Hauskatzen aus dem Hochland Äthiopiens stammt.
Die Zeichnungen und Malereien der Höhlenmenschen lassen noch keine Katzen erkennen. So entstand die überzeugende Theorie, daß die Katze für den Menschen erst interessant wurde, als er sich seßhaft machte, Lager baute und begann Vorräte zu lagern. Diese mußten dann vor Raten, Mäusen und anderen Nagern geschützt werden und, hierzu bot sich die Katze geradezu an.
Die älteste bekannte Darstellung von Hauskatzen

stammt aus dem 6. Jahrtausend v.Chr. und wurde in Anatolien angefertigt. Mit Katzen spielende Frauen zeigen uns Darstellungen aus dem 5. Jahrtausend v.Chr., die in Jericho gefunden wurden.

Aus dem Jahr 2300 v.Chr. sind die ersten Worte für Katze *Mint* und Kater *Miu* überliefert.

Sicherlich trug zur rasch steigenden Wertschätzung der Katze im alten Ägypten bei, daß gut gefüllte Kornspeicher von größter Wichtigkeit waren, da die langen Dürreperioden nur durch reichliche Vorratshaltung überbrückt werden konnten. Gelagertes Getreide aber zog die Nagetiere wie ein Magnet an, und die Katzen waren die einzigen, die sich dieser Nagerflut entgegenstellen konnten.

Rund 3000 v.Chr. begann dann der rasche Aufstieg der Katze bis zur Göttin. Es waren die nubischen Falbkatzen, die man als Nachkommen der Göttin Bastet ansah, die mit einem Frauenkörper dargestellt wurde, auf dem ein Löwenkopf saß. Als sie nieste, soll aus ihren Nüstern ein Kätzchen hervorgesprungen sein, so berichtet die alte orientalische Sage. Nun entwickelte sich die ursprünglich löwenköpfige Bastet zur echten Katzengöttin. Auch der in Ägypten äußerst wichtige Sonnengott Ra wurde in Gestalt einer Katze verehrt.

Eine echte Hochkonjunktur als Gottheit erlebte die Katze in der 12. und 13. ägyptischen Dynastie, rund 1800 v.Chr. Das Heiligtum der Göttin Bubastis wurde zu einem großen Wallfahrtsort für alle Ägypter. Man brachte kleine Katzenskulpturen als Opfergaben mit und setzte die eigenen, verstorbenen Katzen dort bei.

Sie wurden mumifiziert und oft in kleinen, kostbaren Särgen begraben, denen Spielzeug, Schmuck und sogar ebenfalls mumifizierte Mäuse beigelegt waren. Als be-

sonderes Zeichen der Trauer rasierten sich Mitglieder der betroffenen Familien die Augenbrauen ab.
Bei Untersuchungen zahlreicher Katzenmumien fand man heraus, daß es sich bereits um gezüchtete Katzen handelte, da sich neben der Pigmentierung des Fells auch Gebiß und Skelett von dem der Falbkatze unterschieden.
Zum Schutz der heiligen Tiere entstand eine Priesterkaste, die sich straff organisierte. Laut Herodot sollen es rund siebenhunderttausend Priester gewesen sein. So berichtete er jedenfals im 5. Jahrhundert v.Chr. in Griechenland.
Etwa zur gleichen Zeit wird die Katze in einem der ältesten chinesischen Bücher, dem »Buch der Oden« erwähnt. Alte chinesische Darstellungen zeigen aber bereits 2000 Jahre v.Chr. Katzen.
Nach Japan kam die Katze dann im 6. Jahrhundert unserer Zeitrechnung. Anfänglich als reines Luxustier angesehen, wurden Katzen vom Kaiser anstelle anderer Auszeichnungen verliehen.
Um die Jahrtausendwende galt sie plötzlich als dämonisch und ihr wurde der Schwanz gestutzt, damit dieser sich nicht nachts in eine Schlange verwandeln konnte, wie es eine altchinesische Sage behauptete.
Etwa zur gleichen Zeit verbreitete die Katze sich auch rund um das Mittelmeer und kam so nach Griechenland, in die Türkei und nach Italien.
Mit den römischen Besatzungstruppen kam die Katze schließlich in den Norden Europas und wurde bald der Göttin Freya zugeordnet.
Solcherart als Haustier einer Gottheit eingestuft, wurden Katzentötungen mit einem Blutgeld bestraft, oder das Gewicht des getöteten Tieres mußte mit Naturalien aufgewogen werden.

Im Laufe der Jahrhunderte berichten immer mehr Sagen und Erzählungen von Katzen. So soll um 525 v.Chr. der Perserkönig Kambyses seinen Soldaten den Befehl gegeben haben, Katzen auf ihre Schilde zu binden, um auf diese Weise die Stadt Perlusium im Nildelta zu erobern. Die ägyptischen Truppen konnten die heiligen Tiere nicht töten und ihr Führer, Pharao Psammetich III., befahl daraufhin, die Waffen niederzulegen.

Dem irischen Landesheiligen Sankt Patrick sagt man nach, einer Plage durch Schlangen mit Hilfe von Katzen entgegengetreten zu sein.

Obwohl um 600 n.Chr. die Katze als einziges Haustier in den Klöstern gehalten werden durfte, wurde sie dann im Mittelalter von denselben Mönchen verfolgt, da man sich vor ihren übersinnlichen Kräften fürchtete und sie als Haustier der Hexen diffamierte.

Das Christentum sah in ihr nur das »heidnische Tier aus dem Morgenland«, und sie blieb auch lange das Hexenhaustier schlechthin. Dem Wahn der Hexenverfolgung fielen zigtausend Katzen zum Opfer, die, ebenso wie ungezählte unschuldige Frauen und Mädchen, auf den zahlreichen Scheiterhaufen verbrannt wurden. Dies geschah genau in jener Zeit, als eine wahre Ratteninvasion aus Asien über Rußland nach Europa einbrach.

Der von 1220 bis 1272 lebende Mönch Berthold von Regensburg predigte von den Kanzeln, daß der Atem der Katze die Pest sei und daß die Katze durch eine Träne jedes Wasser, das sie trinkt, vergiften würde.

Es ist mehr als wahrscheinlich, daß er sich nie mit einer Katze unterhalten hat, sonst hätte er erkannt, daß der Geruchssinn der Katze dem des Menschen weit

überlegen ist und eine Katze niemals schlechtes oder vergiftetes Wasser trinken würde.
Etwa gegen 1400 n.Chr. wurde die Katze dann mehr oder weniger in Ruhe gelassen und als mäusefangendes Haustier geduldet, dennoch blieb das Übernatürliche des Hexentieres in den Köpfen der Menschen und ist dort bis heute noch verankert.
Dies änderte sich erst nach dem Dreißigjährigen Krieg etwas, doch selbst in der heutigen Zeit werden noch Katzen von abergläubischen Menschen als Bann gegen Hexen oder Dämonen vergraben.
Katzen wurden als Begleiter auf Schiffen eingesetzt, seit der Mensch die großen Ozeane bereist. Neben der Hilfe gegen die Nagetiere erwartete man von ihnen »guten Wind« beim Segeln.
So kamen auch die ersten Katzen mit den Pilgervätern nach Nordamerika, wo sie ebenfalls die Vorräte beschützten und sich bis in die heutige Zeit zum beliebtesten Haustier überhaupt entwickelten.
Über die Jahrtausende hinweg erkannten die Menschen nicht, daß sie mit den Katzen hätten reden können. Erst im 18. Jahrhundert begannen Wissenschaftler, sich Gedanken darüber zu machen, doch erst die modernen Mittel der Elektronik bewiesen es: Katzen können sprechen – nicht nur untereinander, sondern auch mit den Menschen, man muß es nur verstehen wollen.
Stets wurde in der Katze das Negative gesehen. Über unheimliche »Katzenmenschen« wurden mehrere Filme gedreht, im Märchen gehört zur bösen Hexe immer eine Katze, selbst der böse Zauberer Gagamel in der Zeichentrickserie »Die Schlümpfe« hat eine Katze als Haustier und der böse Blomfeld in den James-

Bond-Filmen streichelt unablässig sein süßes, weißes Perserkätzchen.

Heute jedoch werden die dem Menschen oft so unerklärlichen Fähigkeiten der Katze nicht nur mit negativen Attributen versehen und so entstanden z.B. Zeichentrickfilme über »Superkatzen«, zu deren bekanntesten Vertretern wohl Tom aus der Serie »Tom und Jerry«, »Felix der Kater« oder »Supercat« gehören.

Man kann sogar an dieser Entwicklung erkennen, daß der Mensch inzwischen in der Katze mehr sieht, als nur einen schnurrenden und mäusejagenden Hausgefährten, doch richtig einordnen kann er das Verhalten des Tieres immer noch nicht.

Seit rund zehntausend Jahren sprechen die Katzen mit uns, und erst jetzt sind wir langsam in der Lage, sie zu verstehen.

5

2. Ein neues Familienmitglied

Meist beginnt das Zusammenleben zwischen Mensch und Katze mit der Auswahl eines Jungtieres beim Züchter, einem Bekannten oder in einem der zahlreichen Tierheime.
Egal, ob man ein bestimmtes Rassetier zum neuen Mitbewohner auserkoren hat oder einfach ein süßes Kätzchen sucht, wichtig ist, daß man sich ein gesundes Tier aussucht, sonst sind diverse Besuche beim Tierarzt bereits vorprogrammiert.
Wenn Sie bereits Katzenliebhaber sind, erzähle ich Ihnen sicher nichts Neues. Für alle, die sich aber erst jetzt ein Kätzchen – oder einen kleinen Kater – zulegen wollen, nachfolgend einige wichtige Merkmale, an denen man eine gesunde Jungkatze erkennt.

6

Merkmale einer gesunden Jungkatze

- ein glänzend weiches Fell
- kräftiger Wuchs
- gut sichtbare Zähne
- rosarote Mundschleimhaut
- schleimfreie Nase
- geöffnete Augen, die glänzen sollen
- keine sichtbaren Entzündungen
- kein Parasitenbefall
- kein Husten
- kein aufgequollener Bauch
- nicht zu dünn, sondern gut genährt
- guter Appetit
- kein Durchfall
- aufgeweckt und munter
- stets neugierig
- gegenseitiges Gefallen

Wenn Sie nun ihren neuen Liebling nach diesen Kriterien ausgesucht haben, oder von ihm ausgesucht wurden, sollten Sie ihn in einem Transportkorb mit nach Hause nehmen und ihm sein neues Heim zeigen.
Sollten Sie mit dem Auto unterwegs sein, empfiehlt es sich, den kleinen Stubentiger während der Fahrt von einem Familienmitglied beruhigen zu lassen, denn dies dürfte der aufregenste Moment in seinem noch jungen Leben sein. Außerdem gewöhnt er sich sofort an die neue Sprache, die da auch auf ihn – oder sie – zukommt.
Wichtig ist nun, daß sie dem Neuling in ihrer Wohnung ausreichend Zeit und den benötigten Freiraum geben, um sich die neue Umgebung ausgiebig anzusehen.

Zeigen Sie ihm zuerst sein Katzenklo, damit er weiß, wo er sein Geschäft zu verrichten hat, und lassen Sie ihn dann in aller Ruhe alle Räume durchstreifen. Nur dann kann er sich rasch eingewöhnen und sich bald bei ihnen völlig wohlfühlen.

Warten Sie zwei oder drei Tage, ehe Sie einen geregelten Tagesablauf beginnen und die täglichen Futterzeiten festlegen.

Vergessen Sie aber nicht, jeden Tag genügend Zeit für Spiele und Streicheleinheiten einzuplanen, und beteiligen Sie auch die anderen Familienangehörigen daran.

Ab dem dritten Tag sollten Sie dann auch langsam mit der Katzenerziehung beginnen, wenn Sie nicht einen völlig eigenbrödlerischen Hausgenossen bekommen wollen.

Hier unterscheiden sich Hund und Katze stark, das sollten Sie bedenken, wenn Sie noch keine Erfahrung auf diesem Gebiet haben.

Während man bei Hunden vor allem mit Zuwendungen und Entzug im Futterbereich arbeiten kann, werden Sie bei einer Katze damit wenig Erfolg haben. Das Futter, was Sie ihr als Strafe entziehen, besorgt sie sich garantiert woanders.

Einer unserer Bekannten, der es bei seinem Kater auch mit Entzug von Leckerbissen versuchte, wunderte sich danach, daß der kleine Racker sich mehrere Tage lang alle Mühe gab, sein Geschäft vom Rand aus direkt neben das Katzenklo zu erledigen. Erst als es die leckeren Dinge wieder gab, war auch der Bereich rund ums Katzenklo sauber.

Natürlich sollten Sie sich inzwischen auch alle Utensilien besorgt haben, die für die Katzenhaltung nötig sind, und vergessen Sie um Himmels Willen den Kratzbaum nicht – ihre Möbel und Türpfosten werden es Ihnen danken.

Katzen-Grundausstattung

1	Katzenklo
1	Reserveklo
2	Freßnäpfe
2	Trinknäpfe
1	möglichst weiches Halsband
1	Laufleine
1	weiche Handtücher
2	weiche Wolldecken
1	Kratzbaum
1	Haarbürste
1	Kamm
1	Staubkamm
1	abwaschbare Matte
1	Transportkorb

Werden dennoch Möbel und Türen zum »Krallenschärfen« zweckentfremdet, können Sie Ihrerseits die ersten Vokabeln der Katzensprache festlegen. Es sollte ein energisches *»Nein!«* sein, das sie bei der gleichen Situation mit stets gleichem Tonfall wiederholen sollten.

Auch wenn der schöne Wohnzimmervorhang oder der gedeckte Tisch bevorzugtes Ziel des kleinen Rackers sein sollte, ein *»Nein!«* wird ihm bald sagen, daß das keine Plätze für ihn sind.

Vermeiden Sie es aber, nun jede Kleinigkeit, die Ihnen in irgendeinem Moment nicht gefällt, mit diesem *»Nein!«* zu kommentieren, denn dann kann die Vokabel falsch ausgelegt werden.

Wichtig ist, die Reaktionen zu beobachten, denn nun werden Ihnen die ersten Vokabeln beigebracht.
Sieht der Kleine Sie wachsam aufgerichtet an, sind seine Augen dabei schmal und blinzelnd, steht der Schwanz dabei aufrecht und hören Sie schnurrende Töne, so ist er zufrieden und meint:
»Ich habe verstanden, kein Platz für mich, ich akzeptiere!«
Sind aber die Ohren leicht nach unten geneigt, die Pupillen geweitet und die Augenlider nach unten gezogen, schlägt dabei noch der Schwanz aggressiv und ist hierbei ein durchdringendes Grollen zu hören, so ist man katzenseitig mit dieser Entscheidung nicht ganz einverstanden und darüber verärgert.
Es empfiehlt sich eine Wiederholung des *»Nein!«* in einem etwas energischeren Tonfall, wenn Sie wirklich nicht zulassen wollen, daß beispielsweise das neue Sofa zerkrallt wird.
Wenig Erfolg werden Sie allerdings mit den Möbelstücken haben, auf die Ihre Katze sich zur Ruhe zurückziehen will.
Will der kleine Liebling ein Nickerchen machen und hat sich dazu bereits einen Lieblingsplatz ausgesucht, so wird dieser zum *Heim erster Ordnung* und geht quasi in den Besitz der Katze über. Sie betrachtet diesen Platz nun als ihr Eigentum und läßt sich von dort nur noch mit Gewalt vertreiben. Wir werden noch darauf zurückkommen.
Nun haben Sie bereits einige wichtige Vokabeln gelernt, die Sie unbedingt in ihr Vokabelheft eintragen sollten.
Neben dem Schlafen ist das Fressen für junge Katzen eine der wichtigsten Tätigkeiten in ihrem noch kurzen Leben. Noch unerfahrene Katzenliebhaber machen hier meist die größten Fehler.

7

Es schadet dem kleinen Liebling nur, wenn sie ihn mit Süßigkeiten verwöhnen wollen, auch sollten Sie nicht unbedingt jeder Werbung für Katzenfutter vertrauen. Fehler, die bei der Ernährung in den ersten Monaten gemacht werden, sind oft nicht wiedergutzumachen.

Genau wie bei Kindern sind Süßigkeiten für kleine Katzenzähne reines Gift.

Sie dürfen nicht vergessen, das Jungtier mit ausreichend Vitaminen zu versorgen. Es empfiehlt sich, nicht wahllos alle angepriesenen Produkte auszuprobieren, sondern den einzigen Fachmann für diese Dinge aufzusuchen – den Tierarzt.

Übertreiben Sie die Vitaminzugabe nicht!

Wie wir inzwischen wissen, können zu hohe Vitamindosierungen bei Menschen und allen anderen Säugetieren zu starken Schädigungen führen. Es ist, wie mit den meisten Dingen im Leben, in richtigen Maßen verabreicht sind sie hilfreich, in Massen genommen aber schädlich.

Auf der nachfolgenden Seite nun ein Futterplan, der

auf natürlichen Nahrungsmitteln aufbaut und eine gesunde und ausgewogene Ernährung garantiert. Er wurde dem *Katzen-Lexikon* von Lingen entnommen.

Futterplan für Jungtiere

2. bis 4. Monat, vier Mahlzeiten am Tag

1. Mahlzeit:	Kuhmilch mit einem halben Eidotter oder Keksen
2. Mahlzeit:	Rind- oder Kalbfleisch gehackt und angewärmt
3. Mahlzeit:	Brei aus Rind- oder Kalbfleisch und Huhn mit einem Löffel Gemüse
4. Mahlzeit:	In Fleischbrühe gekochte Teigwaren oder Reis

5. bis 7. Monat, drei Mahlzeiten am Tag

1. Mahlzeit:	Milch mit Brot oder Gemüse-Getreideflocken oder Fleischbrühe mit Brot
2. Mahlzeit:	Gehacktes Rindfleisch mit gekochtem Reis und Gemüse
3. Mahlzeit:	Reis oder Teigwaren in Fleischbrühe gekocht und mit Fertigfutter gemischt.

Für den Katzenneuling ist es hilfreich, sich diesen Plan zu kopieren und in die Küche zu hängen.

3. Sinnesfreuden

Es ist unumgänglich, will man die *Katzensprache* wirklich verstehen, sich einige Gedanken über die Wahrnehmungsorgane der Tiere zu machen. Sie reagieren wesentlich feiner und exakter als die des Menschen.
Betrachtet man nur einmal die Katzenaugen, die den Menschen bereits seit Jahrtausenden faszinieren, so muß man rasch erkennen, daß sie dem menschlichen Auge um ein Vielfaches überlegen sind.
Nicht von ungefähr wird der Begriff *»Katzenaugen«* auch in der Literatur und im Straßenverkehr verwendet, wenn man exakte Beschreibungen benötigt.
Während der Schriftsteller damit meist mandelförmige Frauenaugen mit einer grünen Iris und einem undefinierbaren, meist etwas kalten Blick beschreibt, sind es im Straßenverkehr die kleinen gelben und roten Reflektoren, die aufleuchten, wenn ein Lichtstrahl sie erfaßt.
Das entspricht exakt den Augen der normalen Hauskatzen, die ebenfalls in einem grünen Licht aufleuchten, wenn sie ein Lichtstrahl trifft. Die Augen von blauäugigen Siam-, Birma- und anderen Zuchtkatzen leuchten rot auf, weil ihnen Farbstoffeinlagerungen fehlen und deshalb die Blutkörperchen durchschimmern. Grund für das Aufleuchten ist eine Reflexionsschicht im Hin-

tergrund des Katzenauges. Hier wird, ähnlich wie bei einem optischen Restlichtaufheller, auch der feinste Lichtstrahl bei Dunkelheit aufgefangen und zum Sehen ausgenutzt.

Dennoch sind Katzen keine echten Nachtjäger, wie oft behauptet wurde. Wir können immer wieder, gerade in ländlichen Gebieten, beobachten, daß Katzen lieber am Tage jagen.

Die Netzhaut der Katze kann auch das kleinste Restlicht auswerten. Wird das Licht zu stark, etwa bei Sonnenlicht oder einem Scheinwerfer, verringert sich die senkrechte Pupille der Katze immer weiter bis zu einem dünnen Strich. Dies funktioniert ähnlich wie bei einem Fotoapparat mit automatischer Blendeneinstellung.

Entgegen früherer Meinungen sehen Katzen nicht nur im Schwarz-Weiß-Bereich, sondern können auch Farben unterscheiden. Dies hat Dr. Marc Barkley an der Staatlichen Universität Florida in mehr als zehnjährigen Studien festgestellt. Die Vorzugsfarbe ist, wie bei kleinen Kindern, Rot bis Orange.

Dr. Barkley entwickelte auch ein System, daß die Neugier der Katzen reizt. So gelang es ihm, sich mit seinen Testtieren zu unterhalten.

Wenn Sie gerade ein kleines Kätzchen bekommen und festgestellt haben, daß die Augen blau und nicht grün sind, sollten Sie wissen, daß alle Katzenbabys mit blauen Augen geboren werden und erst nach rund 10 Wochen die Verfärbung einsetzt. Die Verfärbung zieht sich über mehrere Monate hin und ist bei einigen Rassen erst nach 15 bis 18 Monaten völlig abgeschlossen. Bärbel Gerber schreibt, daß die Korat-Katze sogar runde drei Jahre für diesen Vorgang benötigt.

Eine weitere Besonderheit des Katzenauges ist die sogenannte Nickhaut, die selten zu sehen ist.
Sie legt sich vom inneren Augenwinkel aus über Iris und Pupille und ist meist nur dann zu sehen, wenn das Tier extrem müde oder krank ist.

Ein wichtiger Tip: *Die Nickhaut der Katze ist dann zu sehen, wenn der kleine Liebling krank oder extrem müde ist.*

Langjährige Untersuchungen an der University of New York erbrachten ein überraschendes Ergebnis:
Katzen, die aus mittlerer Höhe fallen, verletzen sich eher als Katzen, die aus großer Höhe abstürzen. Diese Erkenntnis wurde vor einiger Zeit in den amerikanischen Medien als das »Hochhaus-Syndrom« bekannt.
Für die Fähigkeit, einen Sprung, Sturz oder Fall auszubalancieren, sind bei der Katze sowohl die Ohren als auch der Schwanz mitverantwortlich.
Im Innern des Ohres befindet sich der Gleichgewichtssinn, der das Ausbalancieren erst möglich macht.
Der Schwanz wird dann bei Stürzen aus größeren Höhen mit eingesetzt und die Katze dreht sich bereits in der ersten Sturzphase in der Luft so, daß sie nicht mit dem Rücken, sondern mit den Pfoten nach unten fällt.
So erreicht sie mit ausgebreiteten Beinen einen leichten Segeleffekt, der die Fallgeschwindigkeit ein wenig reduziert, und sie kann den Aufprall auch aus großen Höhen meist völlig unbeschadet auf dem Boden abfedern.
Eines der kaum erklärbaren Wunder der Natur ist das Gehör der Katze. Wie ein äußerst empfindliches Radargerät nimmt es auch das leiseste Geräusch wahr. Katzen können die unterschiedlichsten Geräusche erken-

nen und sofort einordnen. Beispielsweise Motorgeräusche, auch aus weiterer Ferne, können sie zuordnen und wissen meist als erstes Familienmitglied, daß jemand mit dem Auto heimkommt. Auch Schritte im Treppenflur oder vor der Haustür können sie unterscheiden. So ist es nicht weiter verwunderlich, wenn Sie ihre Katze bereits hinter der Wohnungstür erwartet, kaum daß Sie aufgeschlossen haben.

Immer wenn man Katzen in Zeichnungen darzustellen versucht oder wenn Mama für die Kleinen im Kindergarten ein Katzenkostüm anfertigen soll, werden besonders lange Schnurrbarthaare gezeichnet oder angeklebt. Sie sind außer der Körperbehaarung meist die einzigen Katzenhaare, an die wir Menschen uns erinnern.

Für die Katzen selber sind aber ganz andere Haare noch wesentlich wichtiger. Das sind die Tasthaare, die sich nicht nur an der Schnauze, sondern auch über den Augen, an Wange, Kinn und Daumenballen der Vorderpfoten befinden. Meist sind sie büschelförmig angeordnet und leiten durch ihre hohe Berührungsempfindlichkeit auch die allerfeinsten Schwingungen an das Gehirn weiter. Sie unterstützen so das Orientierungsvermögen der Tiere und erlauben ihnen, auch bei schlechter Sicht oder in Dunkelheit zurechtzukommen.

In einem wissenschaftlichen Experiment wurden Katzen vor einigen Jahren einmal die Haare gestutzt und man setzte sie in ein kleines verdunkeltes Ganglabyrinth, in dem sie sich bestens auskannten. Plötzlich, ohne die empfindlichen Haarenden, konnten sie sich nicht mehr orientieren und verirrten sich sogar.

Das zeigte dem Leiter des Experimentes, Professor Dr. Leyhausen, wie wichtig der Tastsinn durch die Tast-

und Schnurrhaare für die Katze ist, und daß sie alle daraus erhaltenen Kenntnisse, wie in einem Computer, im Gehirn gespeichert haben.
Ähnlich wie beim Autorennen in der Formel 1, bei dem alle Teile einer Rennstrecke in einen Computer eingegeben und während der Fahrt verarbeitet werden.

Ein wichtiger Tip: *Niemals die Schnurrhaare einer Katze stutzen!*

Wenn die Schnurrhaare einmal geknickt oder beschädigt sind, werden sie einzeln abgestoßen und wachsen dann wieder nach.
Häufig, wenn wir eine Katze sehen, die sich gerade mit einem Gegenstand beschäftigt und ihn zu beschnuppern scheint, betastet sie ihn eigentlich mit ihren Barthaaren, denn der Geruchssinn von Katzen ist nicht so ausgeprägt entwickelt wie der von Hunden. Grund hierfür mag das völlig unterschiedliche Jagdverhalten sein. Während ein Hund zuerst die Witterung mit der Nase aufnimmt und dann dieser Fährte folgt, jagen Katzen hauptsächlich mit Sicht- oder Hörkontakt. Sie müssen ihre Beute also sehen oder zumindest hören, um dann die Jagd aufzunehmen. Der Geruchssinn liefert zusätzlich weitere Jagdinformationen.
Auf anderen Gebieten ist der Geruchssinn der Katze jedoch sehr wichtig, so beispielsweise beim Erkennen der Markierungen des eigenen Revieres.
Jede Katze markiert ihr Revier. Das geschieht mittels eines Sekretes, das bei jedem Schritt an den Sohlenballen und den Zehen austritt, bei einigen Arten auch aus Duftdrüsen im Gesicht und am Schwanz. Dieses Sekret hinterläßt einen für andere Katzen unverwechselbaren Duft.

8

Dieser Duft ist auch bei der Begrüßung zweier Katzen wichtig. Zuerst beschnuppern sie sich, können sich die beiden dann »gut riechen«, kommt es zu freundschaftlichen Kontakten, wenn nicht, gibt es Streit, oder sie gehen völlig gleichgültig auseinander.

Ähnlich reagiert eine Katze auch auf Menschen, wobei der erste Geruch oft entscheidet, ob eine echte Zuneigung aufkommt oder nicht.

Bis heute ist der Geschmackssinn der Katzen noch nicht völlig erforscht. Gerade auf diesem Gebiet laufen aber bereits seit Jahren in den Labors der Katzenfutterhersteller groß angelegt, Versuche, denn wer die richtige Geschmacksrichtung findet, macht dann ja das große Geschäft.

Daß Katzen ihr Futter sehr wohl am Geschmack unterscheiden können, haben Bekannte von uns erlebt. Ihr Kater Charly bekam mehrere Monate lang ein Fertigfutter einer bestimmten Firma, nennen wir sie »X«, um niemandem weh zu tun.

Nachdem unsere Bekannten in einem anderen Supermarkt ihre Einkäufe tätigten, wo es das Futter der Marke »X« nicht gab, nahmen sie ein anderes, aber optisch und geruchlich gleiches Produkt eines Konkurrenzunternehmens. Erstaunt waren sie dann, als Charly dieses

Futter ablehnte. Nun versuchten sie es mit allen möglichen Tricks, würzten das Futter mit Fleischbrühe und mischten es zu guter Letzt sogar mit dem Futter »X«, doch das Ergebnis war das gleiche: Charly lehnte das Futter ab und forderte sein altbekanntes.
Aus dem Napf mit dem gemischten Futter sortierte er sogar das neue Futter aus, legte es daneben und fraß nur sein Futter der Marke »X«.
Unsere Bekannten machten sich nun langsam Sorgen, was mit Charly geschieht, wenn die Firma einmal die Herstellung des Futters »X« einstellt. Ob Charly dann verhungern muß?
Nun, ich konnte sie beruhigen und empfahl ihnen, sich in die *Katzensprache* einzuarbeiten, damit sie ihrem Liebling die Situation erklären könnten. Er wird es dann sicherlich verstehen.
Ein weiterer Sinn zeichnet die Katzen aus: das »Heimfindevermögen«, das ebenso in ihnen steckt wie in den Hunden, aber noch stärker ausgeprägt ist.
Es gibt zahlreiche wahre Geschichten über Katzen, die nach Besitzerwechseln oder weil sie auf Fahrten verlorengingen, über Hunderte von Kilometern hinweg wieder ihr Heim fanden, was oft Wochen und Monate dauerte.
Wissenschaftliche Untersuchungen zeigen, daß Katzen neben dem optischen Bild ihrer gewohnten Umgebung auch noch ein akustisches in ihrem Gehirn gespeichert haben. Sie können so, auf Grund bestimmter Tonzusammensetzungen, auch in verdunkelten Behältnissen ihre Umgebung exakt lokalisieren.
Das Heimfindungsvermögen setzt sich aus zahlreichen unterschiedlichen Empfindungen zusammen.
Wie bei vielen anderen Erkenntnissen auch, will sich die Kriegswirtschaft dieser Entdeckungen bedienen,

und man ist in den USA bereits auf dem besten Wege dahin, wie erste Ergebnisberichte des Forschungsteams unter der Leitung von Dr. Frank Morell bestätigen.

4. Gegenseitige Hilfe

Seit Menschen und Tiere zusammenleben, haben sich immer wieder Begebenheiten zugetragen, bei denen die Tiere als Retter der Menschen gefeiert wurden. Das trifft natürlich auch auf die Katzen zu.

Wenn auch die meisten Geschichten in die Welt der Fabel zu verweisen sind, so muß man aber anerkennen, daß zumindest einige wahr sind.

Es wird z.B. von Katzen berichtet, die Menschen vor einer Feuersbrunst oder einem Zimmerbrand warnten.

In unserer Nachbarschaft gab es vor einigen Jahren auch einen Fall, bei dem ein Perserkater sein Herrchen aufgeregt darauf aufmerksam machte, daß ein brennendes Holzscheit durch eine Unachtsamkeit aus dem Kamin in einen Krob mit trockenem Holz gefallen war und diesen nun in Brand setzte.

Auf einem völlig anderen Gebiet sind Katzen inzwischen als Helfer der Menschen sogar wissenschaftlich im Einsatz.

Die Rede ist von der Krankentherapie, bei der bereits seit Jahren immer mehr Katzen therapieunterstützend eingesetzt werden.

Vor allem in den USA, wo man bekanntlich weitaus experimentierfreudiger als bei uns ist, sind mehrere Katzenliebhaber in Krankenhäusern, aber auch in Alten- und Kinderheimen unterwegs.

Die Frau, die mit dieser Therapieart begann, ist Joan Bernstein, eine weltweit anerkannte Katzen-Kennerin.
Sie erkannte die therapeutischen Möglichkeiten der Katzen, als sie selbst schwer erkrankt war und sich nur mit viel Mühe täglich aufrappeln konnte, um ihre vierbeinigen Freunde zu füttern und zu versorgen. Alleine diese Aufgabe lenkte sie stundenweise von den eigenen Problemen und Schmerzen ab.
Eine weitere Therapiehilfe bildeten die Gespräche und Liebkosestunden mit ihren kleinen Freunden.
Der amerikanische TV-Dokumentarfilm *»Alles für die Katz«* zeigt unter anderem, wie es Joan Bernstein mit Hilfe einer ihrer Katzen gelingt, ein authistisch erkranktes Mädchen für einige Minuten in die Realwelt zurückzuholen – ein eindrucksvoller Beweis für die therapeutischen Möglichkeiten von Katzen.
Auch in Deutschland finden derzeit Versuche auf diesem Gebiet statt, die ebenfalls bemerkenswerte Erfolge zeigten. Hierbei fand man auch heraus, daß Katzen das

13

Leben von Menschen verlängern und einen Herzinfarkt hinauszögern oder sogar völlig verhindern können.
Vielen, vor allem alten und allein lebenden Menschen, geben sie das Gefühl, nicht einsam zu sein. Mit diesen Menschen führt so ein »Therapie-Kätzchen« auch meist instinktiv langanhaltende Unterhaltungen.
Sollten Sie sich einmal nicht so richtig wohlfühlen oder kränkeln, kann ich Ihnen nur den Rat geben, sich Ihrer Katze anzuvertrauen. Sie wird Sie bestens verstehen und Ihnen auch über schlimme Phasen ihres Lebens hinweghelfen.
Aber auch Ihre Katze benötigt hin und wieder Hilfe, vor allem bei Verletzungen oder Vergiftungen.
Es gilt zwar grundsätzlich, den Tierarzt aufzusuchen, wenn Ihre Katze krank ist, dennoch gibt es einige Sofortmaßnahmen, die Sie anwenden können, bis der Tierarzt eintrifft oder Sie zu ihm gelangen.
Der Tierarzt Ferdinand Brunner hat die wichtigsten dieser Sofortmaßnahmen in seinem Buch »Die unverstandene Katze« zusammengestellt:

Bißverletzungen

Symptome:	Oft nur kleine, die Haut durchdringende Wunden, aber manchmal auch tiefere Fleischwunden mit starken Blutungen oder Knochenverletzungen.
Sofortmaßnahme:	Sauberen Verband oder bei mehreren Wunden Verbände anlegen. Der Verband soll fest sitzen, aber nicht einschnüren. Die Blutstillung soll nur durch den Verband erfolgen. *Keine Desinfektionsmittel verwenden!*

Durchfall

Symptome: Ausscheidung von dünnflüssigem, manchmal auch blutigem Kot.

Sofortmaßnahme: Kein weiteres Futter geben, warmhalten, eventuell etwas angewärmten Kamilletee reichen.
Keine Arzneimittel verabreichen!

14

Erbrechen

Symptome: Würgen und Austritt von Futter, Schleim oder Schaum aus dem Mund.

Sofortmaßnahme: Sofort Nahrung und Flüssigkeit entziehen.
So schnell wie möglich den Tierarzt aufsuchen, da Verdacht auf Vergiftung besteht!

Insektenstiche

Symptome:	Schwellungen im Kopfbereich und auf der Haut. Durch Allergie kann es auch zu einem Nesselausschlag kommen.
Sofortmaßnahme:	Nach Möglichkeit den Stachel entfernen und die Stelle kühlen. Da bei Insektenstichen stets die Möglichkeit des Erstickens besteht. *So schnell wie möglich den Tierarzt aufsuchen!*

Krampfanfälle

Symptome:	Gekrümmte Körperhaltung, Muskelzuckungen, Bewegungsstörungen, manchmal auch Bewußtlosigkeit. Zusätzlich kann Speichel aus dem Mund treten.
Sofortmaßnahme:	Das Tier auf den Boden legen, dabei eine Decke als Unterlage verwenden. *Nicht in die Mundgegend greifen! Nichts einflößen!*

Überwärmung

Symptome:	Starkes Hecheln, bei schwerem Hitzschlag oder Sonnenstich können Krämpfe bis zur Bewußtlosigkeit auftreten.
Sofortmaßnahme:	Sofort in den Schatten legen und

mit kaltem Wasser leicht abspülen.
Keine Medikamente!

Unfall

Symptome: Bei sichtbaren Verletzungen, inneren Verletzungen oder Verdacht darauf, Benommenheit und eventuell gestörtem Bewegungsablauf.

Sofortmaßnahme: Tier ruhig lagern. Austretendes Blut durch Anlegen eines Verbandes stillen. Zum Transport auf eine Decke legen.

15

Vorsicht – verletzte Tiere beißen und kratzen meist wild um sich!

Vergiftung

Symptome: Der Verdacht auf eine Vergiftung besteht, wenn plötzlich Erbrechen, Benommenheit oder Krämpfe auftreten. Es kann auch zu Blutungen aus den Körperöffnungen kommen.

Sofortmaßnahme: Sie können bis zum Eintreffen des Tierarztes Tierkohle eingeben. Stellen Sie nach Möglichkeit die Art des Giftes fest, eventuell an einer aufgebrochenen Arzneipackung, einer zerbissenen Tüte mit Pflanzenschutzmittel oder einer Topfpflanze, von denen einige für Katzen giftig sind. *Stets sofort den Tierarzt verständigen, es kann um Minuten gehen!*

16

Liste der bekanntesten für Katzen giftigen Pflanzen

Bezeichnung	Giftige Pflanzenteile
Buchsbaum	Blätter und Samen
Christusdorn	gesamte Pflanze
Efeu	Blätter und Beeren
Euphorbis	gesamte Pflanze
Eisenhut	Knolle
Fingerhut	Blätter
Flieder	Blüten und Blätter
Goldregen	Blüten und Blätter
Heckenkirsche, rot	Früchte
Herbstzeitlose	gesamte Pflanze
Liguster	gesamte Pflanze
Maiglöckchen	Blüten
Narzissen	Knolle
Oleander	gesamte Pflanze
Philodendron	Blätter
Spindelbaum	Früchte
Seidelbast	gesamte Pflanze

5. Können Katzen sprechen?

Jedesmal, wenn ich diese Frage in einer geselligen Runde stelle, bricht das Gelächter los und es sind immer diejenigen, die selber keine Haustiere haben, die sich über solche Fragen lustig machen.

Ganz anders ist es, wenn ich mit Tierliebhabern zusammen bin, denn jeder, der ein Tier in seinem Haushalt hat und sich mit diesem Hausgenossen gut versteht, hat eine eigene Möglichkeit gefunden, sich mit dem ansonsten stummen Mitbewohner zu verständigen.

Das gilt insbesondere für Millionen von Katzenbesitzern, gehen doch die Verständigungsmöglichkeiten der Katzen bei weitem über das hinaus, zu dem andere Tiere in der Lage sind. Katzen können sich ihren Umweltbedingungen sehr viel besser anpassen, und wir Menschen mit unserer Sprache sind ja Teil dieser Umwelt. So ist eine eigene Katzensprache entstanden, die für Tier und Mensch verständlich ist.

Also heißt die Antwort auf die Frage, ob Katzen sprechen können:

»Ja, Katzen können sprechen!«

Auch wenn Sie jetzt möglicherweise den Kopf schütteln; ich werde Ihnen im weiteren Verlaufe dieses Buches nicht nur beweisen, daß Katzen sprechen können,

sondern auch, daß Ihre eigene Katze spricht. Sie haben sie bisher nur nicht richtig verstanden.
Glauben Sie mir! Ihre eigene Katze redet jeden Tag mit Ihnen und ist meist völlig enttäuscht, wenn Sie dann keine für sie verständliche Antwort erhält.
Selbstverständlich gehört etwas Beobachtungsgabe, Einfühlungsvermögen und Liebe zum Tier dazu, um ein vielschichtiges Phänomen wie die *Katzensprache* zu erlernen.
Wir müssen zuerst einige grundsätzliche Dinge erkennen, ehe wir uns an das Erlernen der *Katzensprache* machen können.
Erst wenn wir wirklich in der Lage sind, zu begreifen, wie sich die Sprache der Katzen zusammensetzt, können wir sie uns zu eigen machen und echte Gespräche mit dem kleinen Liebling führen.
Unter dem Oberbegriff *Katzensprache* verstehen die Kenner der Materie ein Zusammenwirken der Körpersprache, also Mimik, Gestik und Ausdruck, mit der

3

Lautsprache, also Knurren, Miauen, Fauchen und all die anderen Töne, die eine Katze von sich geben kann.
Die *Katzensprache* setzt sich nicht wie die der Menschen aus Vokalen und Konsonanten zusammen, die Wörter ergeben, die dann ihrerseits zu Sätzen verbunden werden.
Sie besteht vielmehr aus verschiedenen Begriffen und Formulierungen, die sich allmählich zu einer für Katze und Mensch gleichermaßen verständlichen Sprache formen.
Es gibt keine einheitliche *Katzensprache*, die in Wörterbüchern und Grammatiken zusammengefaßt ist. Dennoch kann man diese spezielle Sprache recht einfach erlernen, wenn man eine richtige Anleitung hat, und diese Hilfestellung will der vorliegende Ratgeber für Sie sein.
Es ist leichter als Sie denken. Sie werden bald mit Ihrem kleinen Liebling jede Art von Dialogen führen können, wenn Sie nur alles mit großer Aufmerksamkeit lesen und beherzigen, was wir Ihnen hier aufzeigen.
Denken Sie daran:
Neben der Geduld gehört auch der echte Wille dazu, eine neue Sprache zu erlernen!«
Wenn Sie erst einmal damit begonnen haben, die Begriffe der *Katzensprache* zu ergründen, wird Sie dies ebenso fesseln wie mich, davon bin ich fest überzeugt, und Sie werden dieses Buch nicht mehr aus der Hand legen wollen, bis Sie ein echter Spezialist auf dem Gebiet geworden sind.

Körpersprache –

unter diesem Begriff versteht man die unterschiedlichen Verhaltensweisen der Katze, wie Körper-, Kopf-, Ohren- und Schwanzhaltung, aber auch die Mimik und Gestik des Tieres. Sie bilden zusammen mit der Lautsprache feste Begriffe.

Lautsprache –

ist der Oberbegriff für alle Laute, die eine Katze von sich gibt und die wir Menschen mit unserem Gehör wahrnehmen können. Sie vertieft und unterstützt die Körpersprache und bringt wichtige Nuancen in die Katzensprache ein.
Es ist wie bei den unterschiedlichen Sprachmelodien, mit denen wir bestimmte Sätze unterlegen und so Empfindungen ausdrücken, ohne viele Worte darauf zu verwenden.
Denken Sie dabei nur an den Ausruf »Aah!«, den wir so oft gebrauchen. Hierbei können wir Anerkennung, Bewunderung, Belustigung oder Erstaunen ausdrücken, indem wir ihn jedesmal anders betonen.
Das gleiche tut die Katze mit den ihr eigenen Lauten. Sie müssen nur lernen, diese feinen Unterschiede zu erkennen und der richtigen Körpersprache zuzuordnen, um so die Vokabeln zu erlernen, aus denen sich letztendlich die gesamte Katzensprache zusammenfügt.
Sobald Sie eine Vokabel gelernt haben, sollten Sie diese ständig üben, um sie fest in ihrem Gedächtnis zu verankern, so wie Sie es mit den Vokabeln einer Fremdsprache in der Schule auch getan haben.
Legen Sie sich dazu am Anfang ein Vokabelheft zu und notieren Sie sich alle neuen Erkenntnisse, um so sicherer werden Sie, und es kommt nicht zu größeren Mißverständnissen.
Eine der ersten Vokabeln, die Sie lernen sollten, ist der

Gesprächsbeginn. Meist beginnt es damit, daß Ihre Katze zu Ihnen kommt, sich vor Sie hinsetzt und dann unmißverständlich zum Ausdruck bringt:
»Hallo, ich möchte jetzt mit dir reden!«
Hierzu richtet sie ihr Gesicht zu Ihnen herauf, blickt Sie erwartungsvoll mit aufgerichteten Ohren an und stößt meist leise Maunzlaute aus, die weder aufdringlich noch schmerzhaft oder ernst klingen.
Jede Katze, ob der schnurrende Hauskater am warmen Ofen, der Löwe im Zoo oder der Tiger in der Freiheit der Wildnis, ist ein Meister der Pantomime. Allein mit

4

der Ausdruckskraft ihres Körpers ist sie in der Lage, ihrer Umwelt ihre Wünsche, Gefühle oder Bedürfnisse mitzuteilen. Diese Körperzeichen führen dann meist zum gewünschten Ziel.
Das ist aber noch lange keine Unterhaltung!
Es sind Wünsche oder Befehle, die meist noch durch verschiedene Laute unterstützt werden.
Inzwischen hat man wissenschaftlich belegen können, daß Katzen mit ihrer Stimme weit mehr als hundert

verschiedene Töne produzieren können, von denen das menschliche Ohr aber nur rund 20 wahrnehmen kann, denn der Mensch hört Töne nur etwa bis 20 kHz, während die Katze Schall bis 60 kHz aufnehmen kann. Das bedeutet aber auch, daß Katzen dieselben Töne wie wir in dreifacher Lautstärke hören. Eine aufgedrehte Stereoanlage etwa bereitet ihrer Katze bereits Schmerzen.

Bedenken Sie:

> Das Gehör der Katze ist so empfindlich, daß es in einem weitaus breiteren Frequenzbereich Töne empfängt als Menschen oder Hunde. Jedes laute Wort, unnötiger Lärm, Geschrei und laute Musik können ihr Schmerzen verursachen. Vermeiden Sie also überlaute und sehr hohe Töne, wenn Sie sich mit Ihrer Katze unterhalten.

Da Katzen also in einem breiteren Frequenzbereich hören können, sind sie auch in der Lage, die Schwankungen in der menschlichen Stimme viel nuancierter wahrzunehmen, als es das menschliche Gehör vermag. Deshalb erkennen sie oft bereits am Beginn des Satzes, was der Mensch ausdrücken will oder wie er sich gerade fühlt. Katzen sind die perfekten Lügendetektoren.

Merken Sie sich: Sie können Ihre Katze nicht belügen!

Umkehrt gilt das gleiche.

Das Vorurteil, Katzen seien falsch, ist absolut unwahr.

Es gibt bei den Katzen ebensoviel unterschiedliche Charaktere wie bei den Menschen. So kann es dazu kommen, daß Ihre Katze nicht viel redet, weil sie sich auf das Nötige beschränkt, während die Katze von Bekannten ein echtes »Schwatzmaul« ist und sich ständig mitteilen will.

Bedenken Sie:

Auch unter den Katzen gibt es »Gesprächige« und »Schweiger«. Sie müssen nur ergründen, in welche Kategorie Ihr kleiner Liebling einzureihen ist.

Um zu erkennen, zu welchem Typ Ihre Katze gehört, bedarf es einiger Beobachtung. Wenn Ihre Katze – oder Ihr Kater – oft zu Ihnen kommt, dies auch ohne direkt ersichtlichen Grund, sich Gehör verschaffen will und so schon beinahe lästig wird, so handelt es sich mit Sicherheit nicht um einen »stillen Typ«.

Sollte sich Ihre Katze aber nur Freunden oder Bekannten gegenüber zurückhaltend zeigen, sagt dies nichts über ihre Redefreudigkeit aus, sondern eher darüber, ob sie diese Personen mag oder nicht.

Katzen reden nicht mit jedem!

Ebenso wie Sie manche Menschen sofort mögen und andere wiederum nicht, empfindet auch Ihre Katze. Sie hat halt ihre bevorzugten Gesprächspartner und andere, mit denen sie am liebsten nicht reden möchte.

Mit Sicherheit haben Sie an Ihrer Katze schon bemerkt, daß sie zu einer Person, die Ihre Wohnung betritt, sofort hineilt, sich an sie schmiegt und zu schnurren anfängt, während sie beim Eintreten einer anderen Person eiligst hinter das Sofa verschwindet oder sonstwie das Weite sucht. Hierbei handelt es sich um Zu- oder Abneigungsverhalten, was eigentlich nichts mit der Gesprächsbereitschaft zu tun hat.

Auch in diesem Fall spricht Ihre Katze zu Ihnen und sagt: »Laß mich mit dem – oder der – in Ruhe. Ich mag ihn – oder sie – nicht!«

Das ist die einfachste Form der Kommunikation mit Ihrer Katze und Sie haben diese Variante der *Katzensprache* sicherlich bereits oft kennengelernt, ohne besonders darauf zu achten.

Professor Leyhausen geht nach ausführlichen Untersuchungen davon aus, daß Katzen untereinander in einem eigenen Dialekt reden, ähnlich der verschiedenen Dialekte unserer Sprache. Daraus folgt, daß die Tiere ein individuelles Beziehungssystem haben. Jede Katze hat zu einer anderen ein eigenes Verhältnis, das keinem anderen gleicht, so natürlich auch zum Menschen. Der Mensch, zu dem eine Katze die größte Zuneigung hat, wird von ihr als eine Art »Superkatze« angesehen, während die anderen Menschen, so vor allem Freunde und Bekannte, wie andere Katzen eingestuft werden.

6. Auf dem Weg zur Katzensprache

Der erste Schritt auf dem Weg, eine Katze wirklich zu verstehen, ist die Erkenntnis:
Denke wie eine Katze, fühle und empfinde wie sie!
Das mag sich im Moment schwieriger anhören, als es in Wirklichkeit ist. Für Sie bedeutet es: lediglich *beobachten*!
Völlig unbewußt haben Sie damit bereits in dem Moment begonnen, als Sie Katzenbesitzer wurden und Ihr erstes Kätzchen beobachtet haben. Als der kleine Neuling seine neue Umgebung beobachtete, das neue Heim neugierig untersuchte, die Zimmer abschritt, zuerst ganz vorsichtig mit Körperkontakt zu den Wänden, dann immer mutiger. Sie sahen lächelnd, wie er sich von einer Fliege erschrecken ließ, dann mit einem Blatt Papier spielte, mutig auf eine Topfpflanze losging und seine Erkundigungen wohlig schnurrend am Tischbein zu ihren Füßen beendete.
Sie betrachteten sicher dabei auch die Gestik und hörten die Töne, die der Kleine dabei von sich gab. Sie begannen also, seine Sprache zu ergründen, ohne daß Sie sich dessen bewußt waren.
Sie erkannten, wie der süße Liebling aufmerksam die Ohren spitzte, wie seine Augen sich weit öffneten und der Schwanz aufrecht stand. Auch das angenehme Schnurren klang für ihre Ohren nicht bedrohlich, son-

dern eher freudig, und so erkannten Sie, was der niedliche Kleine Ihnen mitteilen wollte:
»Es ist nett hier, und du gefällst mir auch!«
Ebenso erkennt selbst der Ungeübte sofort, daß seine Katze über etwas oder jemanden ärgerlich ist, wenn die Augenlider heruntergezogen und die Pupillen geweitet sind, während die Ohren leicht nach unten hängen und der Schwanz aggressiv schlägt.
Das tiefe, durchdringende, grollende Schnurren heißt dann:
»Der, die oder das macht mich wütend.«
Die Blickrichtung oder eine Bewegung der Pfote weist dann meist auf den Grund des Zorns.
Dies kann beispielsweise eine Veränderung der gewohnten Umgebung oder ein leerer Futternapf sein.
Handelt es sich wirklich um den Futternapf, erklären Sie mit ruhiger Stimme, daß Sie das Problem erkannt haben und den Ärger gleich beseitigen werden. Füllen Sie den Futternapf auf und freuen Sie sich, dann wieder ein wohliges Schnurren zur Antwort zu bekommen.
Dies ist eine einfache Konversation, wie sie täglich in Haushalten mit Katzen stattfindet.
Katzen, sowohl als Einzelgänger lebend, als auch in familiärer Gemeinschaft, sind wie die meisten Menschen Gewohnheitstiere. Das heißt, sie lieben ihre Umgebung so, wie sie ist, und mögen keine Veränderungen.
Weiterhin müssen wir uns darüber klar sein, daß auch die liebste und verwöhnteste Hauskatze immer noch den Jagdinstinkt in sich hat und der größte Teil ihres Denkens auf die Nahrungsaufnahme fixiert ist.
Ein seit 15 Jahren laufender wissenschaftlicher Versuch in dem englischen Ort Felmersham, der von dem Lehrer Peter Churcher durchgeführt wird und an dem alle

Katzenbesitzer des Ortes teilnehmen, brachte ein überraschendes Ergebnis. Obwohl die meisten Katzen an das industriell hergestellte Katzenfutter gewöhnt sind und sich davon ernähren, gehen alle, die im Freien leben, weiterhin auf die Jagd und das täglich. Nach einer Hochrechnung macht das alleine für die britische Insel eine Zahl von 70 Millionen Nagetieren und Vögeln aus, die von den Katzen erledigt werden.

Somit ist erwiesen, daß auch die sogenannten Hauskatzen Einfluß auf das Gleichgewicht der Natur haben.

Um für die Jagd »fit« zu sein, schlafen die meisten Katzen einen Großteil des Tages. Auch diejenigen Katzen, die nur in der Wohnung leben, also die sogenannten »Stubenkatzen«, haben ihren Jagdinstinkt nicht verloren. Deshalb kann man bei ihnen oft den »allabendlichen Wahnsinn« beobachten. Hierbei wird der aufgestaute Jagddrang in Form von übertriebenem Herumtollen, oft bis zur Raserei, abgebaut.

Ein wichtiger Tip: *Der Großteil der Gedanken einer Katze bewegt sich um die Futtersuche und die Nahrung. Deshalb ist dieser Bereich der Katzensprache auch der umfangreichste.*

Wir müssen uns immer wieder vor Augen halten, daß Katzen zwar sprechen, aber nicht so wie wir Menschen mit Buchstaben, Wörtern und Sätzen, sondern in ihrer eigenen Sprache, die eher der eines Schauspielers gleicht, eines Pantomimen auf der Bühne, der seine Aussage durch Mimik, Gestik und Gebärden zum Ausdruck bringt. Doch hat die Katze einen Vorteil gegenüber dem Pantomimen: Sie unterstützt ihre Gestik mit den entsprechenden Lauten.

9

Obwohl man die Katzen zu den besten Schauspielern in der Tierwelt zählt, sollte man wissen, daß die kleinen Samtpfoten stets dazu neigen, ihre Darstellung etwas zu übertreiben.

Diese Übertreibung betrifft die Gesamtheit ihrer Ausdrucksmittel, also Gebärden und Laute.

Am Anfang wird es etwas schwierig werden, den richtigen Ton in die Vokabeln der *Katzensprache* einzuordnen. Katzen sind auf diesem Gebiet wahre Komponisten; doch - wie bei jeder anderen Sprache auch - wiederholen sie gleiche Tonfolgen bei gleichen Vokabeln.

Obwohl alle Katzen - ebenso wie Menschen - eine etwas andere »Aussprache« haben, gibt es doch einige Tonfolgen, die allgemein gültig sind.

Vergleichen Sie diese Töne mit den Versuchen von Babys, ihren Müttern etwas mitzuteilen und ihre Gebärden, die sie mit Händen und Füßen ausführen, durch die entsprechenden Laute unterstützen zu wollen.

Ob der kleine Wonneproppen sich wohlfühlt, krank wird, ob er Hunger hat, nervös ist oder einfach nur spielen will, alles wird in dieser Komposition aus Gebärden- und Lautsprache ausgedrückt.

Wenn Sie die Katzenstimme richtig verstehen wollen, müssen Sie sich von dem Gedanken lösen, daß die Katzen ebenso logisch und klar denken wie Sie und ich. Katzen leben und reden »aus dem Bauch heraus«, also wesentlich gefühlsbetonter als die meisten Menschen. Sie sind auf diesem Gebiet eher mit Künstlern zu vergleichen, etwa mit Musikern, Malern oder Dichtern.

Der Amerikaner Jack Richter unterteilt in seinem Buch *Your Talking Cat* die Grundtöne der Katzen in sechs Basistöne. Dieser Einteilung kann ich mich nach genauen Beobachtungen nur anschließen.

Das Schnurren

Der bei allen Katzenliebhabern beliebteste Klang ist das wohlige Schnurren einer Katze. Bis heute ist es noch nicht gelungen, herauszufinden, womit dieser Schnurrton erzeugt wird. Wenn Sie aber einmal Ihre schnurrende Katze auf den Arm nehmen und Ihr Ohr an die vibrierende Kehle legen, wobei Sie gleichzeitig den Brustkorb umfassen sollten, können Sie feststellen, daß Katzen im gleichen Rhythmus atmen, in dem sie schnurren.

Schnurren bedeutet für die Katze größtes Wohlbehagen, Zufriedenheit und Entzücken. Eine Steigerung dieses Glücksgefühls erlebt die Katze, wenn sie dann noch eine weiche, flauschige Unterlage »bepfoten« kann.

Die Höhe oder Tiefe des Schnurrens ist der Gradmesser des Glücksgefühls der Katze. Je höher der Schnurrton, desto glücklicher ist der kleine Freund oder die Freundin.

Der Beobachtungsruf

Dieser Ruf ist allen Katzen schon von Geburt an in die

Wiege gelegt und dient anfänglich dazu, die Aufmerksamkeit der Mutter oder der Geschwister zu erregen. Später dann, mit zunehmendem Alter, wird mit diesem leicht fordernden, aber nicht unangenehmen Miauen die Aufmerksamkeit anderer Katzen und des Menschen gefordert. Dieser Ruf geht häufig dem Beginn eines Gespräches voraus.

Der Revierruf

Häufig kann man am Morgen diesen Ruf hören, der die meisten Menschen im Schlaf stört, weil er so durchdringend ist. Zahlreiche Menschen, die sich nicht so gut mit Katzen auskennen, sind bei diesen Lauten schon zur Tür gelaufen und haben nachgesehen, ob jemand in Gefahr ist oder ob sich möglicherweise ein Kind verletzt hat.

Es ist der Ruf, den meist weibliche Katzen ausstoßen, wenn sie sich über ein Territorium nicht einig werden können. Zumeist folgt dem langanhaltenden Ruf dann ein Kampf, der von Fauchen und eventuell auch schmerzhaften Tönen untermalt wird.

Der einem weinerlichen Babygeschrei ähnliche, aber viel durchdringendere Ruf ist ein Überbleibsel aus der Zeit, als die Katzen noch in wilder Freiheit lebten, und gehört in die Kategorie der Laute, wie sie Wölfe ausstoßen, wenn sie den Mond anheulen. Ich nenne das den *Revierruf*, der unverwechselbar ist.

Der Jagdruf

Stets dann, wenn eine Katze ein mögliches Beutetier erspäht, sei es vom Balkon aus eine Maus im Garten oder durchs geschlossene Fenster einen Vogel auf dem nächsten Baum, stößt sie ein lautes, staccatohaftes Miauen aus, ihren *Jagdruf,* der unverwechselbar ist und rasch von Ihnen erkannt wird.

Der Verteidigungsruf

Manchmal ist er vor dem *Revierruf* zu hören, aber immer dann, wenn eine Katze sich in Bedrängnis befindet oder in die Enge getrieben wurde. Sieht sie dann für den Moment keinen Fluchtweg und findet sie den Gegner oder das Hindernis vor ihr zu stark, stößt sie eine Kombination von starken Jaulern aus, um den Feind oder das Hindernis damit zu beeindrucken.
Gleichzeitig nimmt sie die Abwehrstellung ein, wie sie in der später folgenden Tabelle aufgezeigt ist.
Vor allem bei kampfgewohnten, alten Revierkatern kann man diesen *Verteidigungsruf* immer dann hören, wenn sie sich einem Hund stellen, und schon mancher große Hund, der es daraufhin nicht vorzog, das Weite zu suchen, rannte später jaulend und aus vielen kleinen Wunden blutend davon.
Wer einmal den Kampf eines echten Revierkaters beobachten kann, wird überrascht sein, mit welcher Intensität diese Kater ihr angestammtes Revier verteidigen.

Der Hilferuf

Ebenso unverwechselbar wie der Revierruf klingt es, wenn eine Katze um Hilfe ruft.
Welcher Katzenliebhaber – oder welche Liebhaberin – hat nicht schon einmal das wehleidige Maunzen kleiner Kätzchen gehört, die nach ihrer Mutter riefen, weil sie sich zu weit vom schützenden Katzenkorb entfernt hatten? Dies ist wohl eine Lautfolge, die auch mit zu-

nehmendem Alter in ihrer Charakteristik bei allen Katzen gleich geblieben ist. Sie werden sofort darauf reagieren und nachsehen, was dem kleinen Racker fehlt und Ihre Hilfe anbieten.

Neben den sechs Basistönen verfügen Katzen über ein unbegrenztes Repertoire von weiteren Tönen, die sie je nach Lust und Laune einsetzen, um ihrer Stimmung Ausdruck zu verleihen und um mit uns zu reden.

Wenn sie öfter mit ihrer Katze reden, werden Sie feststellen, daß sie versucht, den Tonfall Ihrer Stimme in gewissen Situationen nachzuahmen. Hiermit zeigt sie Ihnen, daß sie den Sinn Ihrer Worte versteht. Ein Gespräch findet nun statt.

Es gibt einige weitere Töne, die bei vielen Katzen gleich sind.

Da wäre ein hohes, forderndes Miauen mit gleichzeitigem Hinweis auf die Zimmer- oder Wohnungstür. Das heißt eindeutig:

»Laß mich bitte raus!«

Wenn der gleiche Ton zu hören, aber die Katze nicht zu sehen ist, bedeutet das meist:

»He, du, laß mich doch endlich herein!«

Am besten werden Sie die Lautsprache von Katzen verstehen lernen, wenn Sie eine Mutterkatze mit ihren Jungen beobachten. Die Mutter weiß sofort am Tonfall, was die Kleinen wollen oder was sie bedrückt.

Ein langanhaltendes forderndes Miauen beispielsweise, mit gleichzeitigem Drängen der Schnauze an der Mutterbrust, zeigt an:

»Ich habe jetzt Hunger!«

Den gleichen Ton werden Sie hören, wenn das Kätzchen dann älter geworden ist und seinen Futternapf einmal leer vorfindet.

Nach dem Fressen, wenn der Bauch voll ist und das

Fell von der Mutter geputzt ist, kuschelt sich das kleine Kätzchen fest an den Mutterbauch und schnurrt wohlig in gleichbleibender Tonlage. Dies ist das Zeichen für Zufriedenheit.
Das gleiche Schnurren werden Sie hören, wenn Sie ein kleines Kätzchen bekommen und es sich so richtig eingelebt hab. Es ist dann vollkommen glücklich und akzeptiert Sie als Ersatzmutter. Es sagt Ihnen dann:
»Bei dir fühle ich mich so richtig wohl!«

Ein wichtiger Tip: *Sie müssen lernen, die genaue Tonlage der Lautsprache Ihrer Katze zu erkennen und stets richtig einzuordnen. Nur dann kommt auch, in Verbindung mit der Körpersprache, ein wirkliches Gespräch zustande.*

Der nächste Schritt auf dem Weg zur *Katzensprache* heißt:
Lernen!
Leider gibt es kein einheitliches Wörterbuch der Katzensprache, in dem wir einfach blättern und für jedes Wort unserer Sprache das entsprechende in der *Katzensprache* nachschlagen können. So müssen wir uns ein eigenes Wörterbuch schaffen, indem wir bestimmte Vokabeln erlernen.
Immelmann faßt unter dem Begriff *Lernen* in seinem *Wörterbuch der Verhaltensforschung* alle Prozesse zusammen, die »zu einer individuellen Anpassung des Verhaltens eines Lebewesens an die jeweiligen Umweltbedingungen« führen. Für den Umgang mit Katzen bedeutet das:
Wenn wir uns an die Gewohnheiten unseres miauenden

Hausgenossen etwas anpassen, lernen wir bereits. Er wird ebenfalls lernen und sein Verhalten anpassen.
Sie sollten sich ein »Vokabelheft« zulegen, in dem Sie Ihre eigenen Beobachtungen während des Lernprozesses festhalten. Dann haben Sie ein eigenes Wörterbuch, in dem Sie bei Bedarf jederzeit nachschlagen können.
Sie müssen immer daran denken, daß Vokabeln auch unterschiedlich ausgelegt werden können.
Denken Sie dabei nur an die regionalen Unterschiede unserer eigenen Sprache. »Ne halve Hahn« ist beispielsweise in Köln ein Brötchen mit Käse, und in anderen Regionen versteht man darunter ein »halbes Hähnchen«. Im bayerischen Raum ist ein »Radler« sowohl ein Radfahrer als auch ein Glas Bier mit Limonade gemischt, und ein »kalter Kaffee« kann sowohl ein abgekühlter Kaffee als auch ein Mischgetränk aus Cola und Orangenlimonade sein.
Es kommt ganz darauf an, mit wem man sich gerade unterhält.
Das trifft natürlich auch auf die Katzen und ihre Sprache zu. Jede Katze benutzt ihr eigenes Vokabular.

10

7. Der ganze Körper spricht

Ein wichtiger Bereich, den es zu erlernen gilt, stellt die Körpersprache der Katzen dar. Gerade diese »Vokabeln« müssen genauestens studiert werden, denn ebenso, wie wir allein durch unterschiedliche Betonungen den Sinn eines Wortes oder Satzes verändern können, kann dies eine Katze durch das Zusammenspiel ihres gesamten Körpers.

Alle Empfindungen, die eine Katze bewegen, spiegeln sich in ihrer Körperhaltung wider. Zorn, Erregung, Freude, Demut oder Gleichgültigkeit drücken sich in unterschiedlichen Körperstellungen aus.

Der sogenannte »Katzenbuckel« zum Beispiel zeigt bei aufgerichteten Rückenhaaren an, daß die Katze bereit ist, einen Kampf zu beginnen. Unterstützt wird dieses Verhalten noch durch aggressive Laute.

Der »Katzenbuckel« mit angelegtem Haar und einem wohligen Schnurren drückt aber genau das Gegenteil aus. Meist stellt sich der kleine Liebling so in Positur, wenn er gerade nach einem wohligen Mittagsschlaf aufgewacht ist und sich ein wenig reckt, um darauf aufmerksam zu machen:

»Hallo, ich bin wach!«

Reibt er dann den Körper am Menschen, ist das zumeist ein Startsignal für den Beginn einer intensiven Unterhaltung.

Ein weiteres Zeichen dafür, daß sie sich unterhalten will, ist es, wenn Ihre Katze vor Ihnen steht, den Körper völlig entspannt, und Sie mit leisem Schnurren ansieht. Reden Sie nun mit ruhigen Worten und bemühen Sie sich, bei gleichen Worten auch die gleiche Betonung zu treffen. Übertreiben Sie dabei aber nicht, denn dann werden Ihre Vokabeln für die Katze unverständlich.

Wenn Ihre Katze seitlich zu Ihnen steht und nervös wirkt, fühlt sie sich meist verängstigt. Auch wenn Sie den Grund dafür nicht sofort erkennen - es kann ein Geräusch sein, das Sie nicht hören können, oder auch eine Vorahnung, wie beispielsweise vor einem Gewitter - reden Sie beruhigend mit ihr, sie braucht das jetzt.

Geduckt auf dem Boden liegend, die Ohren angelegt und in eine Ecke des Raumes starrend, will Ihre Katze sich nicht unterhalten, sondern hat etwas entdeckt, das sie beschäftigt oder das sie jagen will. In diesem Fall sollten Sie ihr kein Gespräch aufdrängen.

Auf dem Rücken liegend und den Bauch zeigend, fühlt sich Ihre Katze absolut sicher und zufrieden. Sie will gekrault und ein wenig unterhalten werden: Tun Sie ihr den Gefallen und Sie werden sie noch glücklicher machen. Reden Sie fröhlich mit ihr, kraulen Sie dabei den dargebotenen Bauch und bereiten Sie sich und dem kleinen Liebling eine angenehme Stunde.

Die Ohren

Die Ohren einer Katze sind wie ein Barometer. Sie zeigen ihre Stimmungen exakt an, und man kann sie gut ablesen.

Hocherhoben deuten sie meist auf Zufriedenheit hin,

sind sie dabei leicht nach vorne gestellt, ist der kleine Racker gerade neugierig.
Die nahezu waagerecht ausgestreckten Ohren deuten auf Ärger und Abwehr hin.
Nach hinten an den Kopf gelegte Ohren sind ein Zeichen für Zorn und Aggressivität.
Wenn die Ohren zwischen hohem Stand und angelegt hin- und herwandern, ist die Katze unsicher und angriffsbereit.

Die Augen

Augen sind der Spiegel der Seele, heißt es beim Menschen, doch bei der Katze liegt es etwas anders. Die Augen einer Katze seien kalt und gefühllos, wird und wurde immer wieder behauptet. Diese Meinung vertreten nur Menschen, die sich nie näher mit einer Hauskatze beschäftigt haben, denn sonst wüßten sie, daß die Katzenaugen ein Teilspiegel für Empfindungen sind und zusammen mit der gesamten Gesichtsmimik gesehen werden müssen.
Weit geöffnete Augen zum Beispiel können auf Neugier, aber auch auf Zorn hinweisen. Sind die Augen weit geöffnet und auf einen Punkt oder einen Menschen fixiert, dabei das Gesicht entspannt, ist die Katze ruhig, aber neugierig. Sind die Augen aber weit geöffnet, wobei die Stirn zu Falten zusammengezogen und die Ohren flach nach hinten an den Kopf gelegt sind, dann erwartet die Katze Ärger oder ist zornig.
Geweitete Pupillen deuten auf Abwehr hin; sind dabei auch noch die Augenlider heruntergezogen, kommt Ärger hinzu.
Sind die Augen aber nur schmal geöffnet und blinken dabei, ist dies häufig der Anfang einer Unterhaltung.

»Hallo, grüß dich, wie geht es dir!« will der kleine Liebling dann sagen und ein Gespräch beginnen.

Der Schwanz

Der Katzenschwanz ist wie bei vielen anderen Tieren ein guter Signalgeber, um auch aus der Ferne zu erkennen, in welchem Gemütszustand sich das Tier gerade befindet.
Ein buschig nach hinten gewölbter Schwanz zeigt jedem Angreifer, daß die Katze, oder meist der Kater, auf Abwehr eingestellt und bereit zum Kampf ist. Fällt der buschige Schwanz dann nach unten, ist die Lage leicht entspannt, aber das Tier ist immer noch erregt.
Aggressives Schwanzschlagen drückt Ärger aus, während ein seitlich nach vorne angelegter Schwanz auf Verlegenheit oder sexuelle Erregung hinweist.
Ein leicht gebogen, nach oben aufgerichteter Schwanz kündet von Neugier, während ein kerzengerade aufgerichteter Schwanz Zufriedenheit ausdrückt.

11

Die Pfoten

Auch die Pfoten einer Katze können Auskunft über ihren momentanen Gefühlsstand geben. Denken Sie nur daran, wie schnell die Krallen ausgefahren werden können, wenn das Tier einmal abrutscht oder sich verteidigen will.

Ausgefahrene Krallen drücken die Bereitschaft aus, diese auch einzusetzen. Sei es gegen einen Gegner oder nur, um sie an einem geeigneten Gegenstand zu wetzen.

Ganz anders ist es im Spiel, vor allem bei jungen Katzen, da dienen die ausgefahrenen Krallen dazu, den zum Spiel verwendeten Gegenstand erhaschen und festhalten zu können. Danach werden sie rasch wieder eingefahren.

Zum besseren Verständnis habe ich auf den folgenden Seiten die wichtigsten Merkmale der Körpersprache in einer einfachen Auflistung zusammengestellt, in der sie jederzeit nachschlagen können, wenn sie einmal unsicher sind.

12

Liste der Körpersprache - Teil 1

Gefühl	Gesichtsausdruck	Ohren und Augen
I zufrieden		wachsam aufgerichtet schmal blinzelnd
II neugierig		aufrecht geöffnet und fixiert
III drohend		nach unten gerichtet Pupillen geweitet
IV zornig		nach hinten, eng am Kopf schmale Schlitze

Liste der Körpersprache - Teil 2

Töne	Schwanzstellung	Erklärung
1 schnurren	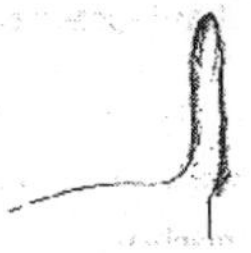	senkrecht nach oben
2 neugierig schnurren	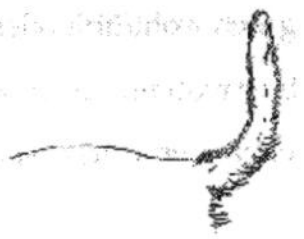	gebogen ausgerichtet
3 wütendes Fauchen und Knurren		gesträubt und gewölbt
4 tief durchdringendes Knurren		buschig fallend

8. Mit der Katze auf du und du

Nachdem wir bis hierher bereits einige Vokabeln der *Katzensprache* angesprochen haben, nun einige weitere Begriffe und wichtige Tips, die Ihnen beim weiteren Lernen behilflich sein werden.
Lesen Sie das Nachstehende sorgfältig, denn danach kommt ein Test, bei dem Sie prüfen können, wie gut Sie die Anfänge der *Katzensprache* bereits beherrschen.

Die ganz kleinen Lieblinge

Sie sollten, vor allem bei noch ganz jungen Kätzchen, daran denken, daß sich Verhalten und auch Stimme des Tieres durch das Zusammenleben mit Ihnen und Ihrer Familie ständig verändern wird. Dieser Prozeß ist erst abgeschlossen, wenn aus dem kleinen Haustiger oder der -tigerin ein ausgewachsenes Tier geworden ist. Verzweifeln Sie also nicht, wenn Sie Besitzer oder Besitzerin eines noch jungen Tieres sind und die gerade erst beobachteten neuen Vokabeln sich nach einigen Tagen oder Wochen anders darstellen sollten.

Wichtiger Tip: *Das Verhalten und die Sprache junger Katzen verändert sich beim Heranwachsen ebenso, wie bei kleinen Kindern, aus denen langsam Erwachsene werden.*

Die endgültige Form der Sprache Ihrer Katze können Sie also erst dann ermitteln, wenn das Tier ausgewachsen ist. Doch gerade junge Tiere benötigen viel Aufmerksamkeit und haben häufig den Drang, sich mitzuteilen, deshalb sollten Sie bereits in den ersten Tagen und Wochen anfangen, sich mit dem Racker zu unterhalten.

Wissenschaftliche Untersuchungen brachten ein überraschendes Ergebnis:

Katzen, die zu früh, also bereits nach 2 oder 3 Wochen, von der Mutter entfernt wurden, zeigten große Rückstände in ihrer späteren Entwicklung.

Im Gegensatz zu Katzen aus demselben Wurf, die bis zur 10. oder 12. Woche bei der Mutter verblieben, zeigten sie als Erwachsene zwar erhöhte Aktivität, ließen aber jegliche Zielstrebigkeit vermissen. Sie waren beim Auftauchen neuer Situationen wesentlich ängstlicher. Ebenfalls nahm ihr Aggressionsverhalten zu, und sie blieben recht erfolglos in ihrem Tun.

Laut Brunner zeigten einige Tiere in einem Frustrationstest mit Futter ein asthmaähnliches Atmungssyndrom.

17

Sie sollten also darauf achten, weder ein junges Kätzchen zu früh von seiner Mutterkatze wegzugeben, noch zu früh zu sich zu nehmen. Der richtige Zeitraum liegt zwischen der 10. und 12. Woche.

Ein wichtiger Aspekt bei der Kommunikation mit einer Katze ist der Name. Es ist natürlich nicht so wichtig, wie Sie den kleinen Racker nennen, einen geeigneten Namen wird Ihre Familie mit Sicherheit bereits ausgewählt haben, als der Kleine ins Haus kam. Wichtig ist aber, daß Sie, gerade in den ersten Wochen und Monaten, den Namen so oft wie möglich nennen, damit er sich rasch daran gewöhnt.

Danach sollten Sie stets beim gleichen Namen bleiben. Kosenamen sind lieb und nett, können aber das »Vokabular« Ihrer Katze durcheinander bringen, wenn sie wechselnd bei gleichen Gesprächsteilen verwendet werden.

Es ist für die Katze mißverständlich, wenn Sie rufen:

»He, du kleiner Schmusetiger, komm her!«

und wenig später dann:

»Charly, auf geht's!«

oder kurz darauf:

»Hallo, wo ist denn der kleine Maunzi?

Wenn Sie so weitermachen, weiß Ihre Katze bald nicht mehr, wie sie heißt und was sie denn nun wirklich von ihr wollen.

Wichtiger Tip: *Bei Gesprächen mit der Katze nur einen Namen anstelle verschiedener Kosenamen benutzen und möglichst bei gleicher Satzstellung für alle Aufforderungen bleiben.*

Lernen ohne Zwang

Ein Fehler, den ich in meinem Bekanntenkreis häufig beobachtet habe, ist es, der Katze gewisse »Vokabeln« aufzwingen zu wollen.

Das kommt meist dann vor, wenn man einmal eine oder mehrere Verhaltensweisen des Tieres falsch interpretiert hat und nun starr bei dieser Interpretation bleiben will.

Meist reagiert eine Katze darauf mit ständiger Wiederholung dieser Stellung oder dieses Tons, da sie bereits erkannt hat, daß sie von Ihnen falsch verstanden wird. Diese Wiederholungen werden von dem Tier solange durchgeführt, bis Sie endlich begriffen haben, was es will, oder bis der kleine Hausbewohner erkannt hat, daß Sie ihn absolut nicht verstehen können oder wollen. Zumeist zieht er sich dann zurück, um nach einer angemessenen Weile das Gespräch an dieser Stelle wieder aufzunehmen.

Vorgefaßte Meinungen

Ein großer Fehler ist es auch, auf vorgefertigte Meinungen zu hören. Wohl kaum ein anderes Tier auf dieser Welt ist so oft und so lange mißverstanden worden wie die Katze.

Das hängt unter anderem mit der negativen Stellung der Katze im Mittelalter zusammen, als man sie den Hexen und Zauberern zuordnete und auf Scheiterhaufen verbrannte oder sonstwie quälte.

»Wenn sich eine Katze zur Tür hin putzt, kommt Besuch!« ist beispielsweise so ein Irrglaube.

Katzen putzen sich oft und an allen möglichen Orten und in alle nur erdenklichen Richtungen, weil sie die saubersten Tiere sind, die man sich nur denken kann. Vor allem nach dem Fressen putzen sie auch die kleinsten Essensreste aus dem Fell. Katzenmütter putzen ihre Jungen oft stundenlang.

18

Natürlich ist es eine Tatsache, daß Katzen gewisse Ereignisse voraussehen können. Wie dies exakt vor sich geht, hat man bis heute nicht ergründen können. Es fanden und finden ständig Versuche statt, um das hochsensible Nervensystem der Tiere noch besser zu erforschen. Auch Versuche in telepathische Richtungen gehören dazu, die teilweise äußerst erstaunliche Ergebnisse erbracht haben, dennoch gibt es keine echten wissenschaftlichen Erkenntnisse darüber, ob Katzen wirklich telepathische Fähigkeiten besitzen.

Daß Katzen zum Beispiel schon Stunden vorher ein Gewitter spüren, liegt an den empfindlichen Nerven, die auch die kleinsten und leisesten Luftschwingungen wahrnehmen, so auch die Luftveränderungen, die einem Gewitter vorausgehen.

Daß Katzen häufig wissen, wann Besuch kommt, liegt

meines Erachtens mehr am Verhalten der anderen Hausbewohner, denn meist kommt ein Besuch angemeldet, das heißt, es werden gewisse Vorbereitungen getroffen. Diese Veränderungen im normalen Ablauf des Zusammenlebens erkennt Ihre Katze sofort und kann sie dann richtig einordnen.
Warum unser »Charly« allerdings auch hin und wieder wußte, daß ein unangemeldeter Besucher sich unserem Haus näherte, hat er mir bis heute nicht verraten.

Katzen sind falsch – oder?

Ein weiterer Irrglauben ist, Katzen seien falsch.
Es gibt wenige Tiere, die ihre Gefühle, Zuneigungen und Abneigungen so offen zur Schau tragen wie Katzen. Selbst wenn eine Katze angreift, geschieht dies selten ohne eine Vorwarnung.
Sie werden selber schon beobachtet haben, wie sich zwei Katzen oder Kater mit gesträubtem Fell, angelegten Ohren und peitschendem Schwanz gegenüberstanden.
Diese Drohgebärde ist ein Überbleibsel aus dem Leben in freier Wildbahn. Da Kämpfe zwischen Tieren mit solch scharfen Zähnen und Krallen tödlich enden können, hat die Natur diese Droh- und Abschreckgebärden jenen Tieren mit in die Wiege gelegt.
Die meisten Streitigkeiten enden dann auch damit, daß einer der beiden Kontrahenten das Weite sucht oder sich unterwürfig auf den Boden legt, um zu erklären:
»Du bist wohl der Stärkere; ich gebe auf!«
So ist es auch bei Streitigkeiten zwischen Katzen und Menschen. Nur in den seltensten Fällen wird Ihre Katze oder Ihr Kater ohne eine Vorwarnung beißen oder

kratzen. Sorgen Sie dafür, daß auch Ihre anderen Mitbewohner, vor allem Kinder sowie Freunde und Bekannte, auf diese Signale achten. Bringen Sie Ihrer Umwelt bei, zu verstehen, wann Ihr kleiner Hausfreund sagt: »Laß mich in Ruhe!« So vermeiden Sie einen übermäßigen Verbrauch an Pflaster oder Mullbinden in Ihrem Haushalt.

Des weiteren könnte eine Anhäufung solcher Mißverständnisse dazu führen, daß Ihre Katze bald kaum noch mit anderen reden will, frei nach dem Motto:

»Warum soll ich was erzählen, wenn mir doch niemand zuhört?«

Gegenseitiges Verständnis

Der beste Weg zur Kommunikation mit dem kleinen Haustiger ist das gegenseitige Verständnis zwischen Mensch und Tier.

Denken Sie dabei nur einmal an sich selbst. Wenn Sie einen Menschen mögen, dann ist es Ihnen egal, ob er stottert oder nuschelt. Sie geben sich Mühe, ihn zu verstehen. Im Verhältnis zwischen Ihrer Katze und Ihnen ist das nicht anders.

Herrscht ein inniges Verhältnis, werden beide Seiten sich Mühe geben, die Sprache des anderen zu erlernen und zu verstehen, auch wenn nicht alles gleich auf Anhieb so funktioniert, wie man es sich vorstellt.

Es wird Sie aber mit Sicherheit erfreuen, wenn Sie den Raum betreten und der schnurrende Liebling auf dem Boden liegen bleibt, sich gemächlich auf den Rücken rollt, die Krallen ausfährt, langanhaltend gähnt und erfreut mit der Schwanzspitze zuckt.

Dann sagt er nämlich:

»Hallo, ich vertraue dir absolut und freue mich, dich zu sehen!«
Den ungeschützten Bauch zur Begrüßung bietet eine Katze nur den allerengsten Vertrauten an.

Geduld

Ein wichtiger Aspekt beim Erlernen der Katzensprache ist Geduld. Auf diesem Gebiet ist uns die Katze in allen Belangen überlegen. Stundenlang können sie sowohl in freier Wildbahn als auch im Haus vor einem Mauseloch oder einem ausgewählten Opfer liegen und auf den günstigsten Moment lauern.
Ebenso geduldig sind Katzen auch, wenn sie etwas erreichen wollen. Wenn man sie in solchen Situationen nicht beachtet, reagieren sie als hätte man die Wiederholungstaste gedrückt. Sie können zu richtigen kleinen Nervensägen werden.
Genau wie Ihre Katze, sollten auch Sie sich in Geduld üben und Ihre Sprachversuche mehrmals wiederholen, wenn der oder die Kleine Sie nicht sofort versteht.
Versuchen Sie, stets den gleichen Tonfall zu treffen, um auch mit Ihrer Stimme zu verdeutlichen, daß Sie immer wieder das gleiche meinen.
Leider tendieren wir Menschen dazu, ungehalten zu werden, wenn uns die Geduld verläßt. Das drückt sich dann in einer härteren und abgehackteren Stimme aus. Katzen kennen keine Ungeduld und wissen dann nicht, ob Sie nun das gleiche oder ein anderes Wort aus der Katzensprache verwenden wollen.

Wichtiger Tip: *Am besten versteht der Geduldige sein Haustier. Das gilt im besonderen Maße für Katzen.*

Angenehme Unterhaltung

Wenn Sie mit dem Erlernen der Katzensprache beginnen, versuchen Sie es zuerst mit den angenehmen Dingen im Leben und vermeiden Sie, gleich bei den ersten Unterhaltungen über negative Sachen sprechen zu wollen.

Denken Sie nur an sich selbst. Welche Gespräche und Plaudereien bereiten Ihnen mehr Freude?

Die Antwort ergibt sich von selbst.

So ergeht es auch Ihrer Katze oder Ihrem Kater. Wenn sie oder er zu Ihnen kommt und zu erkennen gibt, daß eine Unterhaltung stattfinden soll, wird er sich anfänglich ebenfalls um für das Tier angenehme Dinge handeln: um Streicheln etwa, oder um Kraulen, dann um die Bereiche Futter und Spielen.

Um Entschuldigung zu bitten oder Forderungen zu stellen, wird sie oder er sich zuerst einmal verkneifen, bis die gemeinsame Sprache so gut entwickelt ist, daß es kaum zu Mißverständnissen kommen kann und alle bis dahin verwendeten »Vokabeln« klar verständlich sind.

»Männchen machen«

Immer wieder werden sie beobachten können, daß eine Katze sich zur Begrüßung kurz auf die Hinterpfoten stellt und, wie der Volksmund sagt, »Männchen macht«.

Dies liegt daran, daß wir Menschen für die Katzen viel zu große Wesen sind. Das Verhältnis ist etwa so, als ob wir vor einem Elefanten stehen. Da nun aber Katzen sich untereinander durch leichtes Kopfreiben begrüßen und uns als eine Art »Superkatzen« ansehen, versuchen sie instinktiv, unsere Kopfregion zu erreichen.

Das »Männchenmachen« heißt also nichts anderes als: »Hallo, grüß dich!«.

Die Markierung

Ein wichtiger Punkt im Verhalten jeder Katze ist das Markieren einer Person, eines Platzes und ihres gesamten Revieres.
Für das Gespräch mit dem Tier ist auch das Markieren sehr wichtig, vor allem, wenn es um andere Personen als um Sie selbst geht.
Sie haben bestimmt schon oft erlebt, wie der kleine Liebling sich zur Begrüßung an Ihren Beinen, den Schultern oder der Brust gerieben hat. Ein ähnliches Verhalten hat er sicher auch an den Tag gelegt, als Ihre Freunde oder Bekannten zu Besuch waren und er sich an sie gewöhnt hatte.
Bei diesem Reiben sondert die Katze ein feines Geruchssekret aus speziellen Drüsen ab.
Dieser nur für Katzennasen wahrnehmbare Duftstoff haftet dann dem Besucher oder auch einem Stuhl oder Kissen an und dient zur ständigen Identifizierung. Da auch der intensivste Geruch mit der Zeit verfliegt, wird dieses Markieren bei jeder Gelegenheit wiederholt.
Auf diese Art kann eine Katze natürlich auch diejenigen Menschen kennzeichnen, mit denen sie reden will, und solche, bei denen sie auf ein Gespräch keinen besonderen Wert legt, weil sie ihr unsympathisch sind.

Das Territorium

Äußerst wichtig ist es zu wissen, daß ein Tier, folglich auch Ihre Katze, sich auf dem eigenen Territorium anders verhält als auf einem fremden. Das ist ganz wie

bei uns Menschen. In den eigenen vier Wänden bewegen wir uns auch sicherer und reden bestimmter als zum Beispiel in der Wohnung eines Bekannten.
Die Katze unterscheidet beim Territorium zwischen dem Heim erster und dem Heim zweiter Ordnung.
Heim erster Ordnung ist der reine Ruhe-, Schlaf- und Freßplatz, sowie bei weiblichen Tieren auch der Platz, an dem sie ihre Jungen zur Welt bringen.
Das Heim zweiter Ordnung schließt sich daran an und umfaßt häufig den Garten oder einen kleinen Bereich rund um das Wohnhaus, in dem sie leben.
Auch reine Stubenkatzen, also Katzen, die ausschließlich in der Wohnung leben, kennen diese Einteilung des Territoriums. Sie betrachten ihren Schlaf- und Freßbereich als Heim erster Ordnung und den Rest der Wohnung als Heim zweiter Ordnung.
Vor allem im Heim erster Ordnung verhält eine Katze sich völlig anders. Sie empfindet sich dort als Hausbesitzer, der seinen Besitz gegen jedermann verteidigt, frei nach dem Motto: »My home is my castle«. In diesem Bereich werden sie ein anderes Verhalten, also auch andere »Vokabeln« der Katzensprache entdecken. Diese sollten sie erlernen und dann auch ausschließlich für diesen Bereich im Gespräch verwenden.

Türme und Höhlen

Sollte sich Ihre Katze auf einen Schrank oder unter eine Bank zurückziehen und auch auf das lauteste Rufen hin nicht hervorkommen, lassen Sie das Tier einfach in Ruhe. Es geht Ihrer Katze dann wie uns Menschen, wenn wir unsere Ruhe haben wollen. Das sollten Sie unbedingt respektieren.
Ihr »Stubentiger« wird dann mit Sicherheit auch darauf

Rücksicht nehmen, wenn Sie sich einmal zurückziehen wollen.
Daß Katzen dabei auf hohe Gegenstände wie Schränke, Sideboards oder Garderoben klettern oder sich in höhlenartige Verstecke, z.B. unter Bänken oder hinter Sofas, verziehen, hat verschiedene Gründe. Zum einen handelt es sich hierbei zumeist um einen Teil des Heims erster Ordnung, also des territorialen Intimbereichs Ihrer Katze.
Zum anderen bieten solche Plätze dem Tier die größtmögliche Sicherheit vor Angreifern oder auch davor, aus Versehen getreten zu werden.
Weiterhin weiß der Mitbewohner, daß er Ihnen an diesen Plätzen nicht im Weg ist, und letztendlich will er ja seine Ruhe haben.
Sollte ein weibliches Tier sich immer häufiger in »Höhlen« zurückziehen und damit beginnen, sich dort ein weiches Nest zu bauen, kann ein weiterer Grund vorliegen – es sieht Mutterfreuden entgegen, und Sie können sich auf Familienzuwachs einrichten.

Fluchtdistanz

Mit diesem Begriff bezeichnet man den Mindestabstand, in dem sich eine Katze vor einem anderen Lebewesen oder sonst einer drohenden Gefahr noch sicher fühlt.
Es gibt sehr viele vorsichtige Katzen, die vor allem Besucher erst einmal aus der Fluchtdistanz heraus betrachten. Diese Vorsicht resultiert häufig aus schlechter Erfahrung mit anderen Lebewesen, vor allem Menschen.
Sollte Ihre Katze – auch bei Menschen, die sie bereits seit längerem kennt – plötzlich die Fluchtdistanz vergrößern oder bei Unterschreiten dieses Abstandes ein

aggressives Verhalten an den Tag legen, müssen Sie nicht denken, Sie hätten Ihre »Vokabeln« der Katzensprache schlecht gelernt.

Meist resultieren diese Verhaltens- und Sprachveränderungen aus einem unangenehmen Erlebnis, das Ihrer Katze zugestoßen ist, während sie auf einem ihrer Streifzüge in der Nachbarschaft war. In so einem Fall hat das Tier das Vertrauen zu den Menschen verloren, und es bedarf einer längeren Zeit und viel Geduld, um

19

dieses Vertrauen zurückzugewinnen. Hierbei hilft Ihnen häufiges Geplauder mit der verstörten Samtpfote, eventuell auch aus der sicheren Entfernung der Fluchtdistanz heraus.

Der erste Eindruck

Ebenso wie beim Menschen entscheidet bei der Katze auch häufig der erste Eindruck und prägt das weitere Verhalten einem Menschen oder einem anderen Tier gegenüber.

Von diesem ersten Eindruck kann die künftige Einstellung Ihrer Katze der gesamten Rasse gegenüber abhängen, also allen Hunden, Vögeln oder auch Menschen gegenüber.
So ist es nicht weiter verwunderlich, daß junge Katzen sich rasch an Hunde und andere Mitbewohner in der häuslichen Gemeinschaft gewöhnen, wenn der erste Eindruck positiv war.
Versuchen Sie also, wenn Sie ein neues Kätzchen bekommen, einen guten ersten Eindruck zu machen. Das wird Ihnen das Erlernen der Katzensprache wesentlich vereinfachen.

Redner und Schweiger

Wenn man mit zwei oder mehr Katzen zusammenlebt, wird man rasch erkennen, daß Katzen ebenso unterschiedliche Charaktere haben wie wir Menschen.
Während der junge Kater ständig zum Reden aufgelegt ist, zieht es beispielsweise seine Schwester vor, sich eher still zu verhalten oder umgekehrt.
Einige meiner Bekannten, die ebenfalls mit mehreren Katzen in häuslicher Gemeinschaft leben, waren daraufhin der Meinung, daß diese schweigsamen Katzen nicht reden können.
Das ist falsch!
Die sogenannten »Schweiger« sind mit den stillen Menschen in unserer Gesellschaft zu vergleichen, die ja auch reden können, aber nicht immer wollen.
Sollten Sie so einen »Schweiger« daheim haben, nutzen Sie die seltenen Momente, wenn er oder sie ein Gespräch sucht, um mit ihm oder ihr zu plaudern. Möglicherweise findet er langsam doch mehr Interesse

an Gesprächen mit Ihnen, doch ein echter »Redner« wird er oder sie bestimmt nicht.
Nehmen Sie das kleine Wesen einfach so, wie es ist, es muß Sie ja auch so nehmen, wie Sie sind, oder?

Kleine Störenfriede

Sicherlich ist es Ihnen auch schon so ergangen, daß Sie gerade mit einer wichtigen Tätigkeit beschäftigt waren, als Ihr kleiner Hausgenosse herankam und Sie störte. Trotz mehrfacher Erklärungen, momentan keine Zeit zu haben, ließ er sich aber nicht davon abbringen, auf den Tisch zu springen und sich so dicht wie nur möglich an das Objekt Ihrer Tätigkeit zu drängen.
Das geschieht nicht nur aus reiner Neugier, wie bislang allgemein angenommen wurde, sondern vielmehr aus dem Interesse heraus, zu erfahren, was da so wichtig ist und wie das denn funktioniert.
Entgegen der bisher vorherrschenden Meinung, Katzen seien auf diesem Gebiet völlig unbegabt und hätten keinerlei technisches Verständnis, haben Versuche an verschiedenen amerikanischen Hochschulen gezeigt, daß Katzen sehr wohl in der Lage sind, einfache technische Vorgänge aufzunehmen und nachzuvollziehen.
An der staatlichen Universität von Florida hat man unter anderem Versuche mit verschiedenen Schaltern durchgeführt, die im Zusammenhang mit Symbolen auf einem Monitor den Weg zu bestimmten Futterstellen freigeben.
Nach einigen Tagen waren die Katzen so weit, daß sie sich jederzeit Futter holen konnten, das ihnen am besten schmeckte.
Wenn der kleine Liebling sich also gerade dann, wenn Sie mit Ihrer Schreibmaschine einen wichtigen Brief

schreiben wollen, dazugesellt und sowohl die Maschine als auch Papier und Briefumschlag eindringlich begutachtet, will er erfahren, was da so wichtig ist, daß Sie keine Zeit für eine Unterhaltung mit ihm haben. Weiterhin will er verstehen lernen, was Sie da tun und, vor allem, wie es funktioniert.

Seien Sie deshalb nicht gleich ungehalten über die Störung, sondern geben Sie ihm die Möglichkeit, seine kleine Untersuchung abzuschließen. Zumeist folgt dann eine von ihm angeregte Unterhaltung, die sich auf das soeben Erfahrene bezieht.

Hier bietet sich Ihnen eine gute Möglichkeit, neue »Vokabeln« der Katzensprache zu erlernen und Ihrem kleinen »Störenfried« beizubringen.

Er wird es Ihnen danken.

Feiertage

Ein häufiges Phänomen bei Katzen, die bereits seit einigen Jahren in einem Haushalt leben, ist, daß sie Feiertage von Wochentagen unterscheiden können.

Dies ist nicht mehr so verwunderlich, wenn man erkannt hat, wie sensibel das Nervensystem einer Katze ist. Die Nerven reagieren auch auf die leisesten Veränderungen der Umgebung. So kann dem kleinen Mitbewohner natürlich nicht verborgen bleiben, wenn die Vorbereitungen zu den Feiertagen beginnen.

Das gleiche gilt für Geburtstage und andere Familienfeste, die regelmäßig wiederkehren.

Sie können also auch mit Ihrer Katze deren Geburtstag feiern. Sie wird ihn mit Sicherheit nicht vergessen.

Allerdings sollten Sie diese Katzengeburtstage auf die Kalenderjahre beziehen, also jedes Menschenjahr auch als 1 Jahr für den Katzengeburtstag ansehen.

In Wirklichkeit altert Ihre Katze natürlich wesentlich schneller als der Mensch. So hat eine Katze nach einem Jahr bereits die Entwicklungsstufe von 18 Menschenjahren erreicht. Im zweiten Menschenjahr ist die Katze dann schon 25 und im vierten 35 Jahre alt. Eine nach Menschenjahren zehnjährige Katze ist dann 60 und eine vierzehnjährige 80 Katzenjahre alt.
Sie müßten dann sehr oft in einem Jahr den wirklichen Katzengeburtstag feiern.
Viele meiner Bekannten nehmen als Katzengeburtstag den Tag, an dem die Katze ins Haus kam. Es ist ja auch eine Art von Geburtstag, denn an diesem Tag wurde ein neuer Mitbewohner in die häusliche Gemeinschaft sozusagen »hineingeboren«.

Die natürliche Uhr

Im Gegensatz zum Menschen, der sich seine Armbanduhr erst kaufen oder schenken lassen muß, verfügen die meisten Tiere über eine von der Natur eingebaute Uhr.
Dieser wissenschaftlich noch nicht völlig ergründete Mechanismus läuft zwar nicht mit einem Minuten oder Stundenzeiger ab, ermöglicht dem Tier aber, wiederkehrende Ereignisse zeitlich genau zu bestimmen.
Beim Besuch eines Zoos kann man beispielsweise beobachten, wie ansonsten ruhige Tiere plötzlich ohne sichtbaren Grund beginnen, nervös zu werden. Wenig später taucht dann meist der Pfleger mit dem Futter auf. Ähnliches werden Sie mit Sicherheit auch schon bei Ihrem samtbepfoteten Hausgenossen beobachtet haben.
Viele Katzen, die sich tagsüber im Freien aufhalten, wollen zu einer bestimmten Zeit die Wohnung verlas-

sen. Hier geht es dem Tier darum, in einem bestimmten Revier zu einer bestimmten Zeit Beute zu machen. Es sind die immer zur gleichen Zeit wiederkehrenden Ereignisse oder Wünsche, die in seiner natürlichen

20

Uhr gespeichert sind. Wenn Sie versuchen, jeden Tag an zwei oder drei bestimmten Zeiten ein Gespräch mit Ihrer Katze zu beginnen, werden Sie nach einer gewissen Zeit feststellen können, daß sie bereits kurz vor dieser Tageszeit bei Ihnen erscheint und das Gespräch von sich aus beginnt.

Sexualverhalten

Viele Instinkthandlungen Ihrer Katze oder Ihres Katers werden vom Sexualtrieb gesteuert.

Bereits bei jungen Katzendamen im Alter von 6 bis 8 Monaten setzten die ersten Östrus-Zyklen ein. Es gibt aber auch Arten, bei denen die sogenannte *Rolligkeit* erst mit 15 bis 18 Monaten beginnt. Diese Zyklen treten geografisch bedingt zu unterschiedlichen Jahreszeiten auf.

In nördlichen Gebieten ist es laut Brunner von Anfang Januar bis Anfang März und erneut im Mai und Juni der Fall. In südlicheren Breiten liegen die Zeiten früher. Dies hängt u.a. mit der Zunahme der Tageslänge zusammen. Weiterhin haben Langzeitstudien ergeben, daß Stubenkatzen in Großstädten weitaus häufiger rollig sind als freilebende Tiere, besonders, wenn sie nie gedeckt wurden.

Eine rollige Katze frißt weniger, ist unruhig und schreit häufig, außerdem reibt sie in den ersten Tagen Kopf und Flanken an allen möglichen Gegenständen. Nimmt die Rolligkeit weiter zu, tritt während des Reibens ein Zittern und Zucken der Flanken auf.

Wenn Sie diese Beobachtungen machen, wissen Sie, jetzt ist es an der Zeit, sich nach einem geeigneten Kater umzusehen, wenn Sie Nachwuchs wollen, oder aber Ihre Katze nicht auf die Straße zu lassen, wenn Sie nicht sterilisiert ist und Sie Nachwuchs vermeiden wollen.

Während der Rolligkeit können sich auch einige »Vokabeln« der Katzensprache verändern. Nach der Rolligkeit wird das aber wieder in normale Bahnen gelenkt.

Kater werden im Alter von 8 bis 10 Monaten pubertär. Wenn Sie Ihren Kater kastrieren lassen wollen, sollten Sie dies vor dem Einsetzen der Pubertät tun.

Kastrierte Kater sind ebenso intelligent und temperamentvoll wie unkastrierte. Es ist unwahr, daß kastrierte Kater nicht mehr so angriffslustig oder kämpferisch sind.

Intelligenz

»Ist meine Katze intelligent?«

Diese Frage haben sich schon viele Katzenliebhaber gestellt, ohne darauf eine schlüssige Antwort zu erhalten. Wie bei fast allen anderen Lebewesen gibt es auch bei Katzen die *Dummen*, die *Normalbegabten*, die *Intelligen-*

ten und einige wahre »Katzeneinsteins«, als echte Wunderkinder der Katzenwelt.
Es spielt aber bei der Unterhaltung mit Ihnen keine große Rolle, wie hoch der Intelligenzgrad ist, denn neben der rein geistigen Intelligenz wird ein Großteil des Verhaltens der Tiere durch den Instinkt gelenkt. Er ist allen Tieren von der Natur mitgegeben und läßt sie in freier Wildbahn überleben.
Sollte der kleine Liebling seine Rolle in der Katzensprache nicht so schnell erlernen, wie Sie erwarten, muß das nicht heißen, daß er dumm ist. Es kann auch sein, daß er einfach lernfaul ist, weil ihm sein bisheriges Leben ganz gut gefällt und er sich so bei Ihnen wohlfühlt. In diesem Fall hilft nur Geduld und ständiges Üben. Vergleichen Sie den Kleinen mit einem zwar intelligenten, aber lernfaulen Kind.

Katzen-TV

Eine neue Art der Unterhaltung für Hauskatzen wird derzeit in den USA angeboten. Dort werden Video-Cassetten vertrieben, auf denen sich speziell für Katzen entwickelte Filme befinden.
Ich finde diese Idee, die »Haustiger« an unseren technischen Errungenschaften teilnehmen zu lassen ja ganz nett, bin aber der Meinung, daß ein Videogerät niemals den persönlichen Kontakt zwischen Lebewesen ersetzen kann, und seien die Programme noch so ausgeklügelt.
Etwas anderes ist es, wenn Sie Ihre Katze filmen oder fotografieren.

Eine Katze ist das geborene Model.

Es gibt wohl kaum ein Tier, das so fotogen ist wie eine

Katze. Ob in Bewegung oder in Ruhe, Katzen aller Gattungen geben die schönsten Tiermotive ab. Gerade in der Bewegung kommt die Geschmeidigkeit des Ganges und Körpers besonders zur Geltung.
Deshalb sehe ich mir lieber Filme mit Katzen an, statt unserem Kater einen Unterhaltungsfilm vorzuführen.

Fliegende Wunder

Seien Sie unbesorgt, wenn Ihre Katze vom Balkon oder einem Baum springen will. Versuchen Sie erst gar nicht, sie mit guten oder bösen Worten davon abzuhalten.
Statt besorgt zu rufen, sollten Sie dem »fliegenden Wunder« begeistert zusehen.
Aufnahmen von aus großer Höhe fallenden Katzen mit Super-Zeitlupenkameras haben in den vergangenen Jahren das Geheimnis des Fliegens bei Katzen ein wenig entmystifiziert.
Eine Katze hat mit Sicherheit keine sieben oder neun Leben, wie der Volksmund seit Jahrhunderten behauptet, aber eine naturgegebene Fähigkeit, sich in der Luft

21

blitzschnell zu drehen und den Rücken zu entspannen. Die Katze dreht zuerst den Kopf nach oben, dann folgen die Vorder- und Hinterläufe. So ausgerichtet können sie auch aus großer Höhe »segeln«
Es klingt zwar paradox, doch es haben sich weitaus mehr Katzen bei Sprüngen aus zwei oder drei Metern Höhe verletzt als bei Sprüngen aus fünf oder acht Metern.
Das ist leicht verständlich, wenn man weiß, wie eine Katze sich in der Luft dreht, je geringer die Höhe, desto weniger Zeit verbleibt dem Tier, um die richtige Landeposition einzunehmen.

Beute vorführen

Seien Sie nicht zu erschreckt, wenn Ihnen Ihre Katze oder Ihr Kater einmal eine tote Maus oder einen erbeuteten Vogel heimbringt und vor die Füße legt.
Ursprünglich resultiert das Verhalten wohl aus dem Instinkt, Beute für die zu fütternden Jungen heimzubringen.
Das Beute-Vorführen kann aber auch der Beginn eines Gespräches sein, das diesmal von der Jagd und dem sichtbaren Erfolg handelt. Natürlich will der kleine Jäger auch von Ihnen die Bestätigung erhalten, daß er seine Sache gut gemacht hat.
Loben Sie ihn oder sie darum für den guten Jagderfolg und versuchen Sie nicht, ihm oder ihr das Jagen auszutreiben. Es wäre völlig sinnlos und würde nur das bis dahin gute Verhältnis zwischen Ihnen und dem kleinen Liebling empfindlich stören.
Auch in der bestgenährtesten und liebevollsten Katze lauert der Jagdinstinkt und kommt immer wieder zum Ausbruch.

Dagegen sind sowohl Sie als auch Ihre Katze völlig machtlos.

Der Freudentanz

Wenn Sie Ihren Haustiger einmal im Garten oder auf der Straße bei der Jagd beobachten, werden Sie einen neuen Begriff in Ihr Vokabular der Katzensprache aufnehmen können: den Freudentanz.

22

Nach dem Kampf mit einem Beutetier, wenn es dann erlegt ist, tanzt die Katze um die Beute herum. Das soll heißen: *»Nun ist es endlich vollbracht!«*
Es ist ein Ausdruck völliger Erleichterung, wie wir ihn nach einer vollbrachten schwierigen Arbeit oder nach dem Sieg unserer Fußballmannschaft kennen.
Je größer die Anspannung vorher war, desto intensiver wird der Freudentanz danach sein.

Katze im Alter

Mit zunehmendem Alter verändert sich das Verhalten von Katzen und Katern genau wie das von Hunden und Menschen.

Neben dem Wunsch, immer häufiger zu ruhen und die Jagd zu vernachlässigen, macht sich auch ein vermehrter Starrsinn bemerkbar. Diesem sollten Sie nicht mit eigenem Starrsinn begegnen, vor allem nicht, wenn die Gespräche mit dem Tier für beide Seiten befriedigende Ergebnisse erzielen sollen.

Hier gilt der Grundsatz:

23

»Der Klügere gibt nach!«

Jeder Katzenliebhaber weiß, was es heißt, wenn die Zähne des nun betagten Lieblings ausfallen, Krallen stumpf werden, der Gang immer unelastischer wird und die Nase sich schuppig zeigt. Nun kommt die Zeit des Gnadenbrotes, denn die Jagd wird zur Qual und schließlich völlig unmöglich.

Die gleichzeitig auftretenden Verhaltensänderungen, wie erhöhtes Schlafbedürfnis, Suche nach Wärme und Nachlassen des Spieltriebs, sollten Sie genau beobachten und Ihre Katzensprache auf den neuesten Stand bringen, um weitere fehlerfreie Unterhaltungen zu gewährleisten.

Für alle diejenigen, die sich nicht ganz so gut damit auskennen, habe ich nachfolgend das Lebensalter der Katze und das des Menschen nebeneinander gestellt und zu einer kleinen Tabelle zusammengefaßt.

Möglicherweise werden so einige Verhaltensweisen, die dem ungeübten Katzenneuling unverständlich erscheinen, etwas klarer.

Tabelle der Katzen- und Menschenjahre

Katze	Mensch	Katze	Mensch
1 Monat	6 Monate	6 Jahre	42 Jahre
3 Monate	4 Jahre	7 Jahre	45 Jahre
6 Monate	10 Jahre	8 Jahre	50 Jahre
1 Jahr	18 Jahre	9 Jahre	55 Jahre
2 Jahre	25 Jahre	10 Jahre	60 Jahre
3 Jahre	30 Jahre	12 Jahre	70 Jahre
4 Jahre	35 Jahre	14 Jahre	80 Jahre
5 Jahre	40 Jahre	16 Jahre	90 Jahre

24

Das Barometer

Die Katze ist ein absolut wetterfühliges Lebewesen, wie zahlreiche Beobachtungen auf Bauernhöfen und in Tierpraxen ergeben haben. Bei starken, für die entsprechende Jahreszeit ungewöhnlichen Wetterveränderungen werden sie unruhig und beginnen ruhelos in der Wohnung oder ihrem *Heim erster Ordnung* herumzuwandern, während sie bei normaler Wetterlage meist ihrem Temperament entsprechend ruhig sind.
Der Tierarzt Ferdinand Brunner hat beobachtet, daß sich an heißen, schwülen Tagen Katzen in seiner Praxis viel abwehrbereiter zeigten und bereits bei geringen Zwangsmaßnahmen so aufgeregt wurden, daß sie einen Schock erlitten.
Sollten sich bei einer Unterhaltung mit Ihrer Katze einmal die bisherigen »Vokabeln« nicht mehr richtig einordnen lassen, könnte es also auch an der Wetterlage liegen.

9. Theorie und Praxis

Das folgende Beispiel eines Gesprächs zwischen Mensch und Katze habe ich dem Buch *Meine Katze spricht* des Autors Alexander von Wittenthal entnommen.

Ich saß gerade am Schreibtisch und war mit einem Artikel für eine Zeitung beschäftigt, als er in mein Arbeitszimmer kam. Zuerst bemerkte ich ihn nicht, da er abwartend neben meinem Stuhl hockte und mich nur ansah.
Er beobachtete, in welcher Gemütsverfassung ich mich gerade befand.
Da ich keine Notiz von ihm nahm, maunzte er mich auffordernd an, das hieß:
»He, du, ich möchte mit dir reden!«
Ich sah zu ihm hinunter, deutete mit der rechten Hand auf eine freie Stelle meines ansonsten mit Papieren bedeckten Schreibtisches und sagte:
»Dann nimm Platz, ich wollte sowieso gerade eine Pause einlegen.«
Mit einem vorsichtigen Satz sprang er auf den Schreibtisch, setzte sich auf den freien Platz, stützte sich mit den Vorderpfoten auf und sah mich mit weit geöffneten Augen an.
Er war neugierig.

»Nun, was gibt es zu bereden?« wollte ich wissen und zuckte dabei leicht mit den Schultern.

Er maunzte zwei-, dreimal kurz und aufgeregt und drehte den Kopf zum Fenster, das zum Garten hinausführt. Dabei drehte er die hochaufgerichteten Ohren leicht nach hinten. Das hieß:

»Da ist etwas im Garten, das mich beschäftigt.«

Ich kraulte ihn leicht am Hals, was er sofort mit einem wohligen Schnurren quittierte.

»Hast du wieder eine Maus in deinem Territorium entdeckt«, frotzelte ich.

Obwohl ich ihn weiter kraulen wollte, stellte er sofort das wohlige Schnurren ein und maunzte erneut zum Fenster hinüber, was soviel hieß wie:

»Nein, diesmal ist es etwas anderes, was mich beschäftigt.«

Nun war ich doch neugierig geworden und stand auf. Sofort sprang Tscharly vom Schreibtisch und lief vor mir her zum Fenster hinüber.

Noch ehe ich dort angekommen war, saß er bereits auf der Fensterbank und starrte suchend nach draußen, wobei er einen klagenden Ruf ausstieß, den ich zu diesem Zeitpunkt noch nicht richtig in seinem Vokabular einordnen konnte. Inzwischen weiß ich, er bedeutete:

»Na, wo bist du denn? Zeig dich doch endlich!«

Ich stellte mich neben ihn und sah ebenfalls in den Garten hinaus, konnte aber erst nichts Ungewöhnliches entdecken.

»Du hast wohl Gespenster gesehen, oder?« lachte ich nach einer Weile und wollte mich wieder meiner Arbeit widmen, doch er ließ mir keine Ruhe.

Ärgerlich legte er die Ohren nach hinten und maunzte mich an.

»Jetzt habe noch ein wenig Geduld!«

»Also gut«, sagte ich und holte mir einen Stuhl ans Fenster.

Es dauerte nicht lange, da richtete Tscharly sich auf. Sein leicht gebogen nach oben gestreckter Schwanz sagte mir:

»Jetzt kommt etwas!«

Noch konnte ich nicht entdecken, was er mir zeigen wollte.

»W*as siehst du denn wieder, was ich nicht sehe?*« wollte ich wissen.

Er maunzte mehrmals kurz, als ob er bellte, und zeigte mit der rechten Pfote an der Scheibe zum Gartentor hinüber. Das hieß:

»Na bist du blind? Siehst du es denn nicht?«

Nun konnte ich auch die kleine getigerte Katzendame sehen, die auf die Betoneinfassung des Gartentors gesprungen war und sich faul in der Sonne zu putzen begann.

»Sie gefällt dir wohl?« konnte ich mir nicht verkneifen und fing mir ein wütendes:

»Hör' auf mich zu ärgern!« ein.

Danach sprang Tscharly vom Fensterbrett und lief zur Zimmertür hinüber, vor der er stehen blieb und miaute:

»Laß mich raus!«

»Was willst du alter Kater denn jetzt draußen?« lachte ich laut und ging zur Tür hinüber.

Tscharly legte den Schwanz seitlich an den Körper und tänzelte aufgeregt auf den Hinterpfoten herum. Das hieß:

»Ich will ein wenig flirten.«

Nachdem ich ihm die Tür geöffnet hatte, maunzte er mir noch ein kurzes *»Danke«* zu und verschwand im

Garten. Nun konnte ich mich wieder meiner Arbeit widmen.

So und in ähnlicher Form spielen sich die meisten Gespräche zwischen Mensch und Katze ab. Es liegt an Ihnen, wie intensiv Sie sich mit Ihrem Freund oder Ihrer schnurrenden Freundin unterhalten können, denn je mehr Sie über sein oder ihr Vokabular in Erfahrung bringen, desto besser werden Sie sich unterhalten können.
Es ist wie mit jeder Fremdsprache. Je häufiger man sie anwendet, desto größer wird der Wortschatz. Deshalb kann ich Ihnen nur empfehlen, so oft wie nur möglich mit Ihrer Katze oder Ihrem Kater zu sprechen.
Natürlich sollte man auch einige Testarbeiten in Katzensprache absolvieren, um festzustellen, auf welchem Wissenstand man sich befindet.
Zu diesem Zweck habe ich einen kleinen Test entwickelt, der eine Erweiterung eines Jack Richter-Tests darstellt und auch als lustiges Spiel in der Familie gespielt werden kann, frei nach dem Motto:
»Wer spricht am besten Katzisch!«
Lesen Sie sich zuerst die Vokabeln des Tests durch, es sind 26, so viele, wie unser Alphabet Buchstaben hat, dann blättern Sie das Buch durch und betrachten alle Katzenzeichnungen genau. Jede Zeichnung ist mit einer Nummer versehen. Ordnen Sie nun jede Zeichnung der entsprechenden Vokabel zu.
Wenn Sie dann wissen wollen, wie gut Sie inzwischen sind, schlagen Sie im Kapitel 11 nach und lassen sich überraschen!

A »Ich finde dich reizend.«
B »Nennst du das hier etwa eßbar?«

C *»Kinder, kommt zur Mammi»*
D *»Hau ab!«*
E *»Du wirst von mir beobachtet!«*
F *»Hier bin ich völlig zufrieden.«*
G *»Was ist mit meinem Essen?«*
H *»Eine Maus ist im Haus!«*
I *»Eine herrliche Welt!«*
J *»Wer bist du, Fremder?«*
K *»Spielst du Ball mit mir?«*
L *»Ich will raus!«*
M *»Dieser Platz gehört mir!«*
N *»Jemand zu Hause?«*
O *»Ich bin ganz schön sauer.«*
P *»Du gehörst nach der Markierung mir!«*
Q *»Laß uns reden.«*
R *»Gleicht gibt's Beute!«*
S *»Wieder DU?«*
T *»Amore!«*
U *»Entschuldigung.«*
V *»Ja, ja, ich mach's gleich!«*
W *»Redet wer über mich?«*
X *»Zum Essen wecken!«*
Y *»Mamma, ich will zur Mammi!«*
Z *»Hör mit deiner Arbeit auf!«*

10. Wichtige Termine

Auch im Katzenleben gibt es Termine, die ebenso wichtig sind, wie bei uns Menschen. Vor allem die Impftermine sollte man nicht verpassen,wenn man ein gesundes Kätzchen haben will.

Impfungen

Bereits im Alter von zwei Monaten, wenn ein kleines Kätzchen von Mutter und Geschwistern getrennt wird und in eine neue Umgebung kommt, sollte die Impfung gegen die allseits bekannte *Katzenseuche,* auch *Katzenstaupe* genannt, erfolgen, will man kein Risiko eingehen.

Die *Katzenstaupe* ist nicht mit der *Hundestaupe* zu verwechseln!

Vor allem, wenn sich bei dem Jungtier bereits die ersten Anzeichen der Erkrankung bemerkbar machen, ist sofort ein Arztbesuch erforderlich!

Die Symptome sind Durchfall und Erbrechen, dazu sehr hohes Fieber, das in malariaähnlichen Anfällen kommt. Das Erbrochene, meist eine gelbe Flüssigkeit, riecht übel, im Durchfall kann sich Blut befinden. Das Tier ist stets durstig. Ältere Katzen, die befallen werden, magern schnell ab und bekommen ein stumpfes

Fell. Es können sich auch Geschwüre auf der Zunge bilden.
Junge Katzen sterben oft, ehe man die Krankheitssymptome richtig erkannt hat. Erkrankte Katzen können trotz aller Bemühungen der Tierärzte nur in den seltensten Fällen am Leben gehalten werden.
Wenn Ihre Katze sich nicht ausschließlich in der Wohnung aufhält und gerne tagsüber draußen herumläuft, sollte sie unbedingt gegen *Tollwut* geimpft werden.
Junge Kätzchen sollte man auch gegen den *Katzenschnupfen* impfen lassen. Diese Viruserkrankung gibt es nur bei Katzen.
Erkennungsmerkmale sind tränende Augen, häufiges Niesen, Nasenfluß und Fieber. Zumeist ist das Tier matt, frißt kaum, magert immer mehr ab und atmet schwer. Vor allem bei sehr jungen Kätzchen verläuft die Krankheit recht schwer. Mit zunehmendem Alter nehmen die Gefahren ab.
Auch ein genesenes Tier stellt noch eine Gefahr für andere Katzen dar, weil es die Viren noch wochenlang mit sich herumschleppt und andere Katzen anstecken kann. Es sollte daher noch eine Weile im Haus bleiben.
Natürlich reicht es nicht aus, das Tier einmal in seinem Leben gegen alles impfen zu lassen. Alle Impfungen sollten in regelmäßigen Abständen wiederholt werden. Hierüber gibt der *Impfpaß* exakte Auskunft, der vom Tierarzt bei der ersten Impfung ausgestellt wird und zu den »Privatunterlagen« Ihrer Katze gehört.
Immer wieder hört man von Katzen, die verschwinden und in Forschungslabors landen. Einen gewissen Schutz gegen dieses Schicksal bietet die *Tätowierung*. Hierbei wird Ihre Katze mit einem nicht zu entfernenden Merkmal versehen.

25

Alle seriösen Labors und Institute nehmen tätowierte Katzen nicht mehr an. Somit sind sie auch für professionelle Katzenfänger in der Regel uninteressant.
Anders sieht es aber im Ausland aus. Wenn Sie ihn mit auf Reisen nehmen, sollten Sie auf Ihren kleinen Liebling ganz besonders achten.
Vor allem gilt es, sich vor Fahrtantritt über die für das entsprechende Land geltenden Bestimmungen zu informieren.
Nachfolgend habe ich einige der wichtigsten Bestimmungen für einige europäische Länder zusammengestellt. Sollten sich inzwischen Änderungen ergeben haben, genügt ein Anruf bei der entsprechenden Botschaft und Sie werden genau informiert.

Land	Formulare
Belgien	Amtstierärztliches Attest, Tollwut-Impfbescheinigung
Dänemark	Tollwut-Impfzeugnis, nicht jünger als 4 Wochen und nicht älter als 1 Jahr; dänisches Zusatzformular, das vom Tierarzt ausgefüllt wird. Anforderungsadresse: *Veterinär-Direktorat* *Frederiksgade 21* *DK-1265 Kopenhagen/k 5*
Finnland	Amtstierärztliches Attest, Tollwut-Impfzeugnis, nicht jünger als 21 Tage, nicht älter als 1 Jahr; Einfuhrgenehmigung des finnischen Landwirtschaftsministeriums, nach der Einreise 4 Monate Quarantänestation, dann 2 Monate Heimquarantäne.
Frankreich	Amtsärztliches Attest, Tollwut-Impfbescheinigung, nicht jünger als 30 Tage und nicht älter als 1 Jahr, zusätzlich bei jungen Katzen zwischen 3 Monaten und 1 Jahr ein Katzenseuche-Impfzeugnis.
Groß-britannien	Nur mit einer speziellen Einfuhrgenehmigung der britischen Regierung, die beim Konsulat zu erfragen ist. 6 Monate Quarantäne sind Vorschrift.
Griechenland	Amtstierärztliches Attest, Tollwut-Impfbescheinigung, nicht älter als 1 Jahr.
Italien	Amtstierärztliches Attest, nicht älter als 30 Tage, Tollwut-Impfbescheinigung, nicht jünger als 20 Tage und nicht älter als 11 Monate

Land	Formulare
Luxemburg	wie Belgien
Niederlande	wie Belgien
Norwegen	Nur mit Einfuhrgenehmigung des norwegischen Landwirtschaftsministeriums, Quarantänezeiten sind 4 Monate im Heim und 2 Monate im Haus.
Österreich	Tierärztliches Gesundheitszeugnis, Tollwut-Impfbescheinigung mit genauer Erläuterung des Impfstoffes, die nicht jünger als 30 Tage und nicht älter als 1 Jahr ist.
Portugal	Amtstierärztliches Attest, Tollwut-Impfbescheinigung, nicht älter als 1 Jahr.
Schweden	Amtstierärztliches Attest, Einfuhrgenehmigung des schwedischen Veterinärministeriums, 4 Monate Quarantäne, dann 2 Monate Hausquarantäne.
Schweiz	Gesundheitszeugnis eines Tierarztes, Tollwut-Impfbescheinigung, nicht älter als 1 Jahr
Spanien	Amtstierärztlich bestätigtes Tollwut-Impfzeugnis mit genauesten Angaben über das Tier, den Tierhalter und den Impfstoff; es darf nicht jünger als 1 Monat sein.

Wichtige Termine für Katzen aller Altersgruppen können Ausstellungen sein, in denen sie sich vor anderen Katzen und einer Vielzahl von Menschen präsentieren müssen.

Oft sind es aber die Besitzer, die sich am meisten über die Preise ihrer Lieblinge freuen.

Für alle, die nicht so genau wissen, welch wertvoller

Schatz da möglicherweise in der heimischen Wohnung lebt, ist nachfolgend die Farbnummerntabelle der *Féderation Internationale Féline*, kurz *FIFE* genannt, abgedruckt. Sie dient der Bewertung der Rassekatzen auf Ausstellungen.

Langhaarkatzen Die Farbnummerntafel der FIFE/1 Langhaarkatzen	
Nr.:	Farbton
1	Schwarz
2	Weiß, blaue Augen
2a	Weiß, orangefarbene Augen
2b	Weiß, ungleiche Augenfarbe
3	Blau
4	Rot
5	Creme
6	Smoke
6d SL	Shell Cameo
6d SD	Shaded Cameo
7	Silver Tabby
8	Brown Tabby
8a	Blautabby
9	Red Tabby
10	Chinchilla
11	Schildpatt
12	Schildpatt und Weiß
12a	Bicolor
12b	Tricolor

Langhaarkatzen Die Farbnummerntafel der FIFE/1 Langhaarkatzen	
Nr.:	Farbton
13	Blau-Creme
13a	Unregelmäßig
13a SS	Silver-Shaded
13b	Colourpoint
13c	Birma
13d	Türkische Katze

Die Farbnummerntafel der FIFE / 2 Kurzhaarkatzen	
14	Euro-Kurzhaar
14a	Euro-Kurzhaar, weiß, orangefarbene Augen
14b	Euro-Kurzhaar, weiß, ungleiche Augen
15	Euro-Kurzhaar, schwarz
16	Karthäuser
17	Euro-Kurzhaar, creme
18	Euro-Kurzhaar, silbergestromt, -getigert
19	Euro-Kurzhaar, rotgestromt, -getigert
20	Euro-Kurzhaar, braungestromt, -getigert
20a	Euro-Kurzhaar, blautabby
21	Euro-Kurzhaar, schildpatt
22	Euro-Kurzhaar, schildpatt mit weiß
23	Abessinier, normal
23a	Abessinier, rot

Die Farbnummerntafel der FIFE / 2 Kurzhaarkatzen	
24	Siam, Seal-Point
24a	Siam, Blue-Point
24b	Siam, Chocolate-Point
25c	Siam, Lilac-Point
25	Manx »Rumpies«
25a	Manx »Stumpies«
26	Andere Kurzhaar
27	Burma, braun
27a	Burma, blau
27b	Burma, schokoladenfarbig
27c	Burma, lila
27d	Burma, rot
27e	Burma, schildpatt
27f	Burma, creme
27g	Burma, blau-creme
28	Euro-Kurzhaar, blau-creme
29	Havanna
29a	Oriental-Kurzhaar, blau
29b	Oriental-Kurzhaar, schwarz
29c	Oriental-Kurzhaar, lila
29ff	Oriental-Kurzhaar, andere Farben
30	Euro-Kurzhaar, getupft
31	Euro-Kurzhaar, zweifarbig

Die Farbnummerntafel der FIFE / 2 Kurzhaarkatzen	
32	Siam, Tabby-Point
32a	Siam, Red-Point
32b	Siam, Tortie-Point
32c	Siam, Creme-Point
33	Rex, Cornish
33a	Rex, Devon
35	Oriental-Kurzhaar, Foreign White
36	Euro-Kurzhaar, Smoke

26

11. Testergebnis

Sind Sie schon neugierig, zu erfahren, wie gut Sie in unserem kleinen Test abgeschnitten haben?
Nun, dann sehen Sie sich die nachfolgende Tabelle an und zählen Sie Ihre richtigen Antworten.

Vokabel	Zeichnung	Vokabel	Zeichnung
A	24	N	15
B	11	O	17
C	3	P	7
D	12	Q	22
E	14	R	18
F	25	S	20
G	16	T	10
H	2	U	6
I	21	V	5
J	19	W	26
K	9	X	4
L	13	Y	1
M	8	Z	23

Nun merken Sie sich die Anzahl der richtigen Antworten und sehen Sie auf den folgenden Seiten nach, ob Sie sich schon zu den Experten auf dem Gebiet der Katzensprache zählen dürfen.

Weniger als 3 richtige Antworten:
Sie haben noch kein richtiges Verhältnis zur Katzensprache entwickelt und sollten nach einigen Wochen des Übens den Test noch einmal absolvieren.

3 bis 5 richtige Antworten:
Sie stehen gerade am Anfang der Kommunikation mit Ihrer Katze und haben sich die allerersten Grundbegriffe angeeignet, um die Katzensprache zu erlernen, dennoch bedarf es noch vieler Beobachtungen und ständigen Übens, um die neue Sprache perfekt zu beherrschen.

6 bis 10 richtige Antworten:
Sie sind bereits in der Lage, sich mit Ihrer Katze zu verständigen, auch wenn Ihnen noch einige »Vokabeln« der Katzensprache leichte Rätsel aufgeben. Hier sollten Sie nachhaken und gerade die Bereiche, die Sie noch nicht so gut beherrschen, ständig weiter üben.

11 bis 16 richtige Antworten:
Sie unterhalten sich bereits recht flüssig mit Ihrer Katze und werden mit Sicherheit auch von ihr oder ihm recht gut verstanden. Die wenigen noch unklaren Begriffe aus der Katzensprache werden Sie sicher in kurzer Zeit ergründet haben.

17 bis 22 richtige Antworten.
Sie beherrschen die Katzensprache bereits wie eine

zweite Muttersprache, und kaum ein Zeichen Ihres kleinen Gefährten ist Ihnen fremd. Mit den Anregungen aus diesem Buch werden Sie bereits in kürzester Zeit zu einem echten Experten für Katzensprache.

Mehr als 22 richtige Antworten:
Sie beherrschen die Sprache Ihres kleinen Lieblings bis zur Perfektion und auch ich könnte noch von Ihnen lernen.

Anhang

Quellen

1. »Die unverstandene Katze«, Ferdinand Brunner
2. »Alles über Katzen«, Bärbel Gerber
3. »Katzen«, Bärbel Gerber
4. »Wörterbuch der Verhaltensforschung«, Immelmann
5. »Die Körpersprache der Haustiere«, Christian Kühl
6. »Katzen-Lexikon«, Lingen
7. »Kleines ABC für Katzenliebhaber«, Grace McHattie
8. »Meine Katze spricht«, Alexander v. Wittenthal
9. »Katzen«, Ulrike Müller
10. »Your Talking Cat«, Jack Richter
11. »Katzenkrankheiten«, Dr. Rolf Spangenberg
12. »Das große Katzenbuch«, Anna + Michael Sproule

Institutsberichte:
Staatliche Universität Florida, Dr. Marc Barkley
Universität New York, Forschungsbericht
Felmersham, Dr. Peter Churcher

Stichwortverzeichnis

Wichtige Telefonnummern

NOTRUF: ______________________________

NÄCHSTER TIERARZT: ______________________________

UNSER TIERARZT: ______________________________

TIERKLINIK: ______________________________

TIERHEIM: ______________________________

FEUERWEHR: ______________________________

POLIZEI: ______________________________

SONSTIGE: ______________________________